U0626108

中华圣贤经

范毅然 编著

中国华侨出版社
北京

图书在版编目 (CIP) 数据

中华圣贤经 / 范毅然编著 . — 北京 : 中国华侨出
版社 , 2018.3
ISBN 978-7-5113-7418-9

Ⅰ . ①中… Ⅱ . ①范… Ⅲ . ①古典哲学—中国—通俗
读物 Ⅳ . ① B21-49

中国版本图书馆 CIP 数据核字 (2018) 第 020366 号

中华圣贤经

编　　著 /	范毅然
出 版 人 /	刘凤珍
责任编辑 /	墨　林
封面设计 /	李艾红
文字编辑 /	李翠香
美术编辑 /	李丹丹
插图绘制 /	朱　杰
经　　销 /	新华书店
开　　本 /	880mm × 1230mm　1/32　印张：8　字数：220 千字
印　　刷 /	三河市嘉科万达彩色印刷有限公司
版　　次 /	2018 年 5 月第 1 版　　2018 年 5 月第 1 次印刷
书　　号 /	ISBN 978-7-5113-7418-9
定　　价 /	38.00 元

中国华侨出版社　北京市朝阳区静安里 26 号通成达大厦 3 层　邮编：100028
法律顾问：陈鹰律师事务所
发 行 部：（010）64443051　　　　　传　真：（010）64439708
网　　址：www.oveaschin.com　　　E-mail：oveaschin@sina.com

如果发现印装质量问题，影响阅读，请与印刷厂联系调换。

前言

    中华民族拥有几千年的文明，在漫长的历史长河中，先贤们在生活中总结提炼出许多短小精悍、能够启发人心智的名言佳句。这些千古名言，巧譬妙喻，明理析奥，以其思维美、内容美、语言美一向为人们激赏和传诵。它们不仅仅是炎黄子孙世世代代处世智慧的结晶，也是中华民族优秀传统文化的精粹，更是我们每一个人为人处世、居官从政、治家劝学、待人接物、修身养性必备的宝典。它们之所以有无比的生命力是与它们蕴含的意义分不开的。它们揭示了事物发展的规律，总结了人生的宝贵经验，蕴含着丰富的人生哲理。经过几千年的积淀，这些名言佳句遍及修身、养性、为人、处世、立志、求学等各个领域。它们犹如人生路上的灯塔、路标，照耀着、指引着人们探求的方向。学习和掌握这些处世智慧，有益于立世修身，有利于处理人际关系。

    提到求学，我们会想到孔子的"知之者不如好之者，好之者不如乐之者"，以乐知为学习之上品；提到立志，我们会以范仲淹的"先天下之忧而忧，后天下之乐而乐"为座右铭，追求"穷则独善其身，达则兼济天下"的胸怀；提到交友，我们常用"近朱者赤，近墨者黑"来告诫自己见贤思齐，"亲贤臣而远小人"。但是，中华智慧并不仅仅有这些名句，还有古人总结的大量生活经验和人生智慧，由于出处生僻、作者名不见经传而被人冷落、淡忘。

本书收录了多本古代哲书中的经典语句，从中采撷精华，内容涉及人生理想、品德修养、探索求知、成功励志、为人处世、修身养性等各个方面。在释义部分，每一句名言后都标有作者或出处。同时，我们还对疑难文字作出了明确的注释，并将古文翻译成了白话文，以方便读者阅读。本书虽然内容博大，但力求句句经典，有的寓意深刻，饱含人生哲理，读之启人心智；有的慷慨陈词，忧国忧民，读之令人振奋；有的循循善诱，借物言志，读之令人思悟；有的抒发豪情，正气凛然，读之令人奋进；有的论述精辟，句句中的，读之使人益智；有的文字优美，意境雅致，读之如沐春风。本书所汇选的内容句式整齐，易懂而不失古韵。虽然言不甚深，但是字字珠玑，定能够让读者在含英咀华之际，感受到提炼此句之人的心意，从而引起一番幽思。

当你手捧此书，为其中某句精彩名言而陶醉时，你其实不是在单纯地体验和回味这句话的力量，而是在和一个圣贤先哲的伟大灵魂交流。希望这部满载着圣人贤哲智慧的人文读本，能够让你在面对任何人生困境时都可能找到心灵航海中的指南针，为你的学习、工作和生活带来帮助，为你找到开启智慧大门的钥匙、迈向成功的阶梯和启发创造力的源泉。

目录

首字音序检字表

（字右边号码为释义首字页码）

中华圣贤经

中华圣贤经

大怒不怒，大喜不喜，可以养心；靡俗不交，恶党不入，可以立身；小利不争，小忿不发，可以和众。

人之心胸，多欲则窄，寡欲则宽；人之心境，多欲则忙，寡欲则闲；人之心术，多欲则险，寡欲则平；人之心事，多欲则忧，寡欲则乐；人之心气，多欲则馁，寡欲则刚。第一受用，胸中干净；第二受用，外来不动；第三受用，合家没病；第四受用，与物无竞。辩者不停，讷者若聋；辩者面赤，讷者屏息；辩者才住，讷者一句；辩者自惭，讷者自慊。浓于声色，生虚怯病；浓于货利，生贪饕病；浓于功业，生造作病；浓于名誉，生矫激病。身要严重，意要闲定；色要温雅，气要和平；语要简徐，心要光明；量要阔大，志要果毅；机要缜密，事要妥当。天不得时，日月无光；地不得时，草木不生；水不得时，波浪不静；人不得时，限运不通。

称人之善，我有一善，又何妒焉？称人之恶，我有一恶，又何毁焉？不可吃尽，不可穿尽，不可说尽；又要洞得，又要做得，又要耐得。马必待乘，而后致远；医必待使，而后愈疾；贤者待用，而后兴理。人之谤我，与其能辩，不如能容；人之侮我，与其能防，不如能化。心不妄念，身不妄动，口不妄言；内不欺己，外不欺人，上不欺天。一生一死，乃知交情，一贫一富，乃知交态，一贵一贱，交情乃见。自处超然，处人蔼然；无事澄然，有事斩然；得意淡然，失意泰然。焚林而田，偷取多兽，后必无兽；以诈遇民，偷取一时，后必无复。

骐骥虽疾，不遇伯乐，不致千里；人才虽高，不务学问，不能致圣。玄奇之疾，医以平易；英发之疾，医以深沉；阔大之疾，医以充实。事有机缘，不先不后，刚刚凑巧；命若蹭蹬，走来走去，步步踏空。寒之于衣，不待轻暖；饥之于食，不待甘旨；饥寒至身，不顾廉耻。久视伤血，久卧伤气，久坐伤肉，久立伤骨，久行伤筋。省费医贫，恬退医躁，独卧医淫，随缘医愁，读书医俗。神人言微，圣人言简，贤人言明，众人言多，小人言妄。一言之益，重于千金；一行之亏，毒如蛇蝎。一有邪念，立即斩断，断了念头，再没牵绊。一昼一夜，华开者谢；一春一秋，物故者新。树树有皮，人人有脸，见人破绽，替人遮掩。虽有智慧，不如乘势；虽有镃基，不如待时。已为而悔，莫若早戒；患至而忧，不如预谋。以理听言，则中有主；以道窒欲，则心自清。所玩者小，所系者大；所乐者浅，所患者深。生贫贱家，当知自立；生富贵家，岂遂自逸？他人观花，不涉你目；他人碌碌，不涉你足。贪财之人，至死不止；不义得来，付与败子。

以势交者，势倾则绝；以利交者，利穷则散。以信待人，不信思信；不信待人，信思不信。以言取士，士饰其言；以行取人，人竭其行。意粗性躁，一事无成；心平气和，千祥骈集。知过非难，改过为难；言善非难，行善为难。知足常足，终身不辱；知止常止，终身不耻。

直木先伐，全璧受疑；知止能退，平静其心。直者不直，白者不白，见人冤枉，替人分别。只怕不勤，只怕不精，只怕无恒，不怕无成。只图佚乐，定不快活，能耐劳苦，别无痛楚。治家忌宽，而尤忌严；居家忌奢，而尤忌啬。忠有愚忠，孝有愚孝；仁有假仁，义有假义。

自安于弱，而终于弱；自安于愚，而终于愚。自家富贵，不着意里；人家富贵，不着眼里。自家过失，不须遮掩；遮掩不得，又添一短。自家有过，人说要听；当局者迷，旁观者醒。自知者智，自胜者勇，自暴者贱，自强者成。

作善降祥，不善降殃；人同此心，心同此理。坐井观天，面墙定路，远大事业，休与共做。有胆无识，匹夫之勇；有识无胆，述而无功。意念深沉，言辞安定，难大独当，声色不动。鹦鹉能言，不离飞鸟，猩猩能言，不离走兽。

有礼之家，可以联姻；无讼之乡，可以结邻。有真才者，必不矜才；有实学者，必不夸学。有心为善，虽善不赏；无心为恶，虽恶不罚。于福作罪，其罪非轻；于苦作福，其福最大。雨泽过润，万物之灾；情爱过义，

子孙之灾。

与人讲话，看人面色；意不相投，不须强说。与人结交，能护其短，掩短录长，交即悠远。与人善言，暖如布帛；伤人之言，深如矛戟。与人以实，虽疏必戚；与人以虚，虽戚必疏。欲人不知，莫若不为；欲人不闻，莫若勿言。遇事逢人，豁绰舒展，要看男儿，须先看胆。愈理愈纷，愈转愈深，不如罢了，闭口闭心。月榭凭栏，飞凌缥缈；云房启户，坐看氤氲。越有越贪，不多不快，盖棺之时，一钱难带。

造言生事，谁不怕你；也要提防，王法天理。战虽有阵，而勇为本；士虽有学，而行为本。正人君子，邪人不喜；你又恶他，他肯饶你。芝兰之生，杂于众草；凤凰所止，从以百鸟。眼界愈大，心肠愈小；地位愈高，举止愈卑。学不博者，不能守约；志不笃者，不能力行。阳春之曲，和者必寡；盛名之下，其实难副。

要成好人，须寻好友；引醇若酸，哪得甜酒。要甜先苦，要逸先劳，须屈得下，才跳得高。要知亲恩，看你儿郎；要求子顺，先孝爷娘。要做男子，须负刚肠；欲学古人，当坚苦志。一动于欲，欲迷则昏；一任乎气，气偏则戾。一夫不耕，有受其饥；一妇不织，有受其寒。一不积财，二不结怨；睡也安然，走也方便。一毫之恶，劝人莫作；一毫之善，与人方便。一念疏忽，是错起头；一念决裂，是错到底。一念之善，吉神随之；一念之恶，厉鬼随之。一切言动，都要安详；十差九错，只为慌张。

心不顾身，口不顾腹，人生实难，何苦纵欲。小人得志，暂快一时；要其得失，后世方知。心苟无事，则息自调；念苟无欲，则中自守。心慎杂欲，则有余灵。目慎杂观，则有余明。行忍情性，然后能修；知而好问，然后能才。心为形役，尘世马牛；身被名牵，樊笼鸡鹜。心要慈悲，事要方便；残忍刻薄，惹人恨怨。心志要苦，意趣要乐，气度要宏，言动要谨。

性不可纵，怒不可留，语不可激，饮不可过。恶恶太严，便是一恶；乐善甚亟，便是一善。喜传语者，不可与语；好议事者，不可图事。鼷鼠杀象，蜈蚣杀龙，蚁穴破堤，蝼孔崩城。勿亲损友，以为益友；勿作无益，以害有益。务须小心，战战兢兢，如临深渊，如履薄冰。物有甘苦，尝之者识；道有夷险，履之者知。勿为诡异，以沽虚名；勿倾细行，以累大德。无心之失，说开罢手；一差半错，哪个没有。蜈蚣百足，行不及蛇；雄鸡扇翼，飞不过鸦。

先学耐烦，快休使气；性躁心粗，一生不济。贤而多财，则损其志；愚而多财，则益其过。贤愚在心，不在贵贱；信欺在性，不在亲疏。

我打人还，自打几下；我骂人还，换口自骂。我不如人，我无他福；人不如我，我当知足。闻人誉言，加意奋勉；闻人谤语，加意警惕。屋漏在下，止之在上；上漏不止，下不可居。无可奈何，只要安命；怨叹躁急，又增一病。外视者蔽，内视者明；外听者惑，内听者聪。万分廉洁，止是小善；一点贪污，便为大恶。

天地赋命，生必有死；草木春秋，亦枯亦荣。天若改常，不风即雨；人若改常，不病即死。天下虽兴，好战必亡；天下虽安，忘战必危。天与不取，反受其咎；时至不迎，反受其殃。天之生物，可用者众；天之生人，必有所用。

同于我者，何必可爱；异于我者，何必可憎。投刺空劳，原非生计；曳裾自屈，岂是交游。投好太过，丑态毕呈；效颦自怜，真情反掩。

上兵伐谋，其次伐交，其次伐兵，其下攻城。深得千金，而不为贵；得人一语，而胜千金。圣人千虑，必有一失；愚人千虑，必有一得。失意事来，治之以忍；快心事来，治之以淡。

十步之间，必有茂草；十室之邑，必有俊士。十羊九牧，其令难行；一国三公，适从何在。世间艺业，要会一件；有时贫穷，救你患难。食能止饥，饮能止渴，畏能止祸，足能止贪。视人之事，如己之事，既应承他，有一无二。事前忍易，正事忍难；正事悔易，事后悔难。食必常饱，然后求美；衣必常暖，然后求丽。

山不在高，有仙则名；水不在深，有龙则灵。善用明者，用之于暗；善用密者，用之于疏。善欲人见，不是真善，恶恐人知，便是大恶。善有善报，恶有恶报，不是不报，时候未到。善爱儿者，不偏于爱，偏于爱者，儿受其害。善疑人者，人亦疑之；善防人者，人亦防之。善气迎人，亲如弟兄；恶气迎人，害于戈兵。

若欲不忙，浅水深防；若欲无伤，小怪大禳。任人之长，不强其短；任人之工，不强其拙。安卧扬帆，不见石滩；靠天多倖，白日入阱。敖不可长，欲不可从，志不可满，乐不可极。矮人场笑，下士途说，学者识见，要从心得。

白日所为，夜来省己，是恶当惊，是善休喜。白石如玉，愚者宝之；鱼目似珠，愚者取之。别人性情，与我一般；时时体悉，件件从宽。博学切问，所以广知；高行微言，所以修身。榜上有名，篷门增色；床头金尽，壮士无颜。饱食足衣，乱说闲耍；终日昏昏，不如牛马。抱负在先，功名在后，随地设施，平时讲究。彼此生疏，何隙何衅？衅隙之生，由于昵近。贬酒阙色，所以无污；避嫌远疑，所以不误。辩不如讷，语不如默，动不如静，忙不如闲。

不厚其栋，不能任重；重莫如国，栋莫如德。不飞则已，一飞冲天；不鸣则已，一鸣惊人。不让古人，是谓有志；不让今人，是谓无量。不受虚言，不听浮术，不采华名，不兴伪事。不闻大论，则志不宏；不听至言，则心不固。不学古人，法无一可；竞似古人，何处着我。不有逸之，孰为劳之；不有乐之，孰为忧之。才要说睡，便睡不着；才说要忘，便忘不得。才说聪明，便有障蔽，不着学识，到底不济。

逸不自来，因疑而来；间不自入，乘隙而入。藏巧于拙，用晦而明，寓清于浊，以屈为伸。恻隐之心，仁之端也；羞恶之心，义之端也。常玉不琢，不成文章；君子不学，不成其德。沉静立身，从容说话；不要轻薄，惹人笑骂。成家之儿，惜粪如金；败家之儿，用金如粪。崇德效山，藏器学海；群居守口，独坐防心。仇无大小，只恐伤心；恩若救急，一芥千金。出之自我，一滴不漏；取之于人，惟嫌不够。处贫贱易，耐富贵难；安劳苦易，安闲散难。处贫贱易，处富贵难，贫贱之福，事少心闲。

待人要丰，自奉要约；责己要厚，责人要薄。大俭之后，必有大奢；大兵之后，必有大疫。端悫生通，诈伪生塞；诚信生神，夸诞生惑。蝶憩香风，尚多芳梦；鸟沾红雨，不任娇啼。短不可护，护短终短；长不可矜，矜则不长。都要便宜，我得人不；亏人是祸，亏己是福。都蔗虽甘，殆不可杖；佞人悦己，亦不可相。都蔗虽甘，杖之必折；巧言虽美，用之必灭。

得人之道，在于知人；知人之法，在于责实。得忍且忍，得耐且耐，不忍不耐，小事成大。当面破人，惹祸最大；是与不是，尽他说罢。担头车尾，穷汉营生；日求升合，休与相争。当厄之施，甘于时雨；伤心之语，毒于阴兵。淡淡薄薄，朴朴素素，食不厌蔬，衣不厌布。得时无怠，时不再来，天予不取，反为之灾。惮劳怕怨，做不得事；避嫌远疑，救不得人。多忿害物，多欲害己，多逸害性，多忧害志。多见者博，多闻者知，距谏者塞，专己者孤。

凫胫虽短，续之则忧；鹤胫虽长，断之则悲。富贵场中，变故实多，一有不测，立见风波。富贵场中，机心特甚，一有不平，立成崖阱。法网之用，期世而行；宽惠之道，因时而布。凡是自是，便少一是；有短护短，更添一短。发号施令，在乎必行；赏德罚罪，在乎不滥。非不自知，无奈自恕，恕一恕再，走入邪路。分卑气高，能薄欲大，中浅外浮，十人九败。夫妇有恩，不诚则离；交接有分，不诚则绝。

甘受人欺，定非懦弱；自谓予智，终是糊涂。高飞之鸟，死于美食；深泉之鱼，死于芳饵。恭俭谦约，所以自守；亲仁友直，所以扶颠。苟得其人，虽仇必举；苟非其人，虽亲不授。苟得其养，无物不长；苟失其养，无物不消。古人忠教，不离心头，今人忠孝，不离口头。骨肉相残，煮豆燃萁；兄弟相爱，灼艾分痛。

乖僻自是，悔误必多；颓惰自甘，家道难成。乖气浮张，逼则受击，退则远之，则乱自起。怪人休深，望人休过，省你闲烦，免你暗祸。管中窥豹，所见不多；坐井观天，知识不广。果有经济，必有器局，器局宏深，自能拔俗。过分求福，适以速祸；安分速祸，将自得福。观书贵要，观要贵博，博而知要，万流可一。国家立法，不可不严；有司行法，不可不恕。

海纳百川，有容乃大；壁立千仞，无欲则刚。害与利随，祸与福倚，只个平常，安稳到底。函车之兽，离山必毙；绝波之鳞，宕流则枯。蒿草之下，或有兰香；茅茨之屋，或有侯王。何贱何贫，只要成人，有品不贱，有学不贫。

和为祥气，骄为衰气；善是吉星，恶是凶星。和者无仇，恕者无怨，忍者无辱，仁者无敌。和羹之美，在于合异；上下之益，在能相济。和气迎人，平情应物；抗心希古，藏器待时。惠不在大，在乎当厄；怨不在多，在乎伤心。祸到休愁，也会有救；福来休喜，也要会受。祸几始作，当杜其萌；疾证方形，当绝其根。

积善之家，必有余庆；积恶之家，必有余殃。积羽沉舟，群轻折轴，众口铄金，积毁销骨。激湍之下，必有深潭；高丘之下，必有浚谷。既坠釜甑，反顾无益；翻覆之水，收之实难。祭虽有仪，而诚为本；丧虽有礼，而哀为本。忌人之成，何损于人；乐人之败，何益于已？

家有常业，虽饥不饿；国有常法，虽危不亡。家有余银，族有贫人；厨有剩饭，途有饿汉。见人不是，诸恶之根；见己不是，万善之门。见人善行，多方赞成；见人过举，多方提醒。

见人之过，得己之过；闻人之过，得己之过。

将欲败之，必姑辅之；将欲取之，必姑与之。结怨于人，谓之种祸；舍善不为，谓之自贼。鹪鹩巢林，不过一枝；偃鼠饮河，不过满腹。近恕笃行，所以接人；任材使能，所以济物。进有厚赏，退有严刑；赏不逾时，刑不择贵。今日用度，前日积下；今日用尽，来日乞化。经目之事，犹恐未真；背后之言，岂可准信。静能制动，沉能制浮，宽能制偏，缓能制急。久居兰室，不闻其香；久在鲍肆，不闻其臭。

立身之道，内刚外柔；肥家之道，上逊下顺。利为利役，势为势屈，富人仓皇，贵人局促。廉不言贫，勤不言苦；尊其所闻，行其所知。良田万顷，日食一升；大厦千间，夜眠八尺。绿酒但倾，何妨易醉；黄金既散，何论复来。录人一善，则无弃人；采材一用，则无弃材。

刻薄成家，理无久享；伦常乖舛，立见消亡。口腹不节，致病之因；念虑不正，杀身之本。苦恼世上，意气须温；嗜欲场中，肝肠欲冷。

懒见俗人，权辞托病；怕逢尘事，诡迹逃禅。懒人懒病，无药可医，不瘫不痪，惰其四肢。老不足叹，可叹虚生；死不足悲，可悲无补。老骥伏枥，志在千里；烈士暮年，壮心不已。乐处生悲，一生辛苦；怒时反笑，至老奸邪。冷眼观人，冷耳听语，冷情当感，冷心思理。

居取便安，不慕华屋；食取饱适，不务兼品。觉人之诈，不形于言；受人之侮，不动于色。金以刚折，水以柔全；山以高移，谷以卑安。绝嗜禁欲，所以除累；抑非损恶，所以禳过。橛橛梗梗，所以立功；孜孜淑淑，所以保终。蹶足之马，尚想造途；失晨之鸡，犹思改旦。君子爱财，取之有道；小人放利，不顾天理。君子存心，但凭忠信；小人处世，尽设机关。

迷人之迷，其觉也易；明人之迷，其觉也难。绵绵不绝，必有乱结；纤纤不伐，必成妖孽。民分为四，各技各艺，欲善其事，必致其志。名利场中，难容伶俐；生死路上，正要胡涂。木必先腐，而后虫生；人必先疑，而后谗入。慕贵耻贫，志趣落群；惊奇骇异，见识不济。

男儿事业，经纶天下，识见要高，规模要大。能多种谷，谓之上农；能博学问，谓之上儒。能有几句，见人胡讲；洪钟无声，满瓶不响。鸟之将死，其鸣也哀；人之将死，其言也善。年少力强，急须努力，错过少年，老来着急。宁直见伐，无为曲全；宁渴而死，不饮盗泉。怒多横语，喜多狂言；一时偏急，过后羞惭。

屏风虽破，骨格犹存；君子虽贫，礼义常在。蓬生麻中，不扶而直；白沙在涅，与之俱黑。贫生于富，弱生于强，乱生于治，危生于安。片时清畅，即享片时；半景幽雅，即娱半景。仆隶纵横，谁向你说，恶名你受，暗利他得。蒲柳之姿，望秋而零；松柏之质，经霜弥茂。

其计可用，不羞其位；其言可行，不责其辩。骐骥一跃，不能十步；驽马十驾，功在不舍。悭吝败家，必遭奇祸；精明覆事，必见大凶。强取巧图，只嫌不够；横来之物，要你承受。清清之水，为土所防；济济之士，为酒所伤。取草绝根，在于未蔓；扑火止燎，贵乎速灭。取法乎上，仅得其中；取法乎中，不免为下。取凉于扇，不若清风；汲水于井，不若甘雨。人虽至愚，责之则明；虽有聪明，恕己则昏。

人生在世，守身实难；一味小心，方保百年。人非圣贤，孰能无过？过而能改，善莫大焉。人间私语，天闻若雷；暗室亏心，神目如电。人皆狎我，必我无骨；人皆畏我，必我无养。人夸偏喜，人劝偏恼，你短你长，你心自晓。人亦有言，忧令人老；嗟我白发，生有何蚤。人有所优，固有所劣；人有所工，固有所拙。人心似铁，官法如炉，善化不足，恶化有余。人一能之，己百能之；人十能之，己千能之。人誉我谦，又增一美，自夸自败，还增一毁。人之不逮，可以情恕；非意相干，可以理遣。人之所欲，非我所欲，不求有余，自无不足。仁者不忧，智者不惑，勇者不惧。任贤非难，知贤为难；使能非难，知能为难。

哀哀父母，生我劬劳。爱戴高帽，自受圈套。爱之多容，可以得众。安谷则昌，绝谷则亡。爱在心里，狠在面皮。哀乐失时，殃咎必至。安在得人，危在失事。百种奸伪，不如一实。

本钱易寻，伙计难讨。必出世者，方能入世。必死则生，幸生则死。弊则补之，决则塞之。兵不厌诈，将贵知机。兵贵

因机，事贵乘势。兵来将挡，水来土掩。北海虽赊，扶摇可接。百足之虫，死而不僵。百人百姓，各人各性。暴怒伤阴，暴喜伤阳。豹死留皮，人死留名。冰炭不言，冷热自明。保初节易，保晚节难。

安于知足，死于无厌。谤议之言，难用褒贬。白头如新，倾盖如故。白石似玉，奸佞似贤。白日一照，浮云自开。病从口入，祸从口出。抱残守缺，变通求存。不降其志，不辱其身。不能则学，不知则问。饱食伤心，忠言逆耳。

不矜细行，终累大德。不经冬寒，不知春暖。不经一事，不长一智。不精不诚，不能动人。不痴不聋，不做家翁。不丑不能，不恶不知。不得良师，不显良方。不勤于始，将悔于终。

不怕不足，只怕满足。不入虎穴，焉得虎子。不塞不流，不止不行。

不乐损年，长愁养病。不信不立，不诚不行。不为良相，当为良医。不兴春风，难得秋雨。不兴其艺，不能乐学。不以物喜，不以己悲。不以规矩，不成方圆。不以誉喜，不以毁怒。不义而强，其毙必速。不欲过饥，饥则败气。不在其位，不谋其政。

财高语壮，力大欺人。仓廪虽满，不偷于农。差若毫厘，谬以千里。长袖善舞，多钱善贾。常胜之家，难以虑敌。

城门失火，殃及池鱼。诚不悦人，其神媚焉。乘时如矢，待时如死。秤砣虽小，能压千斤。吃菜吃心，听话听音。吃人嘴软，使人手软。吃一回亏，学一回乖。

尺波易流，寸阴难保。尺有所短，寸有所长。齿刚则亡，舌柔则存。宠极则骄，恩多成怨。出家如初，成佛有余。除患无至，易于救患。处世为人，信义为本。创业固难，守成不易。川不可防，言不可弭。聪明逞尽，惹祸招灾。聪明一世，懵懂一时。

大奸似忠，大诈似信。大富由命，小富由勤。大处着眼，小处着手。大路通天，各走一边。大难不死，必有厚禄。从善如登，从恶如崩。寸心不昧，万法皆明。

待人以礼，事事顺利。单者易折，众则难摧。但攻己过，毋议人非。但行好事，莫问前程。瘅恶斥谗，所以止乱。当场不战，过后兴兵。当断不断，反受其乱。当机贵断，兆谋贵密。当局称迷，旁观必审。当取不取，过后莫悔。当着真人，别说假话。

道远知骥，世伪知贤。道之所存，师之所存。得宠思辱，安居虑危。得道多助，失道寡助。得人一牛，还人一马。得人者昌，失人者亡。得荣思辱，处安思危。得士者强，失士者亡。道高益安，势高益危。道路各别，养家一般。

堤溃蚁孔，气泄针芒。敌存灭祸，敌去召过。动则三思，虑而后行。独利则败，众谋则泄。独学无友，孤陋寡闻。读书百遍，其义自见。读书不想，隔靴搔痒。对牛弹琴，牛耳不入。钝鸟先飞，大器晚成。

多愁添病，多笑减灾。多鸣之猫，捕鼠必少。多情成恋，薄命何嗟。多为少善，不如执一。多言可畏，譬之防川。多忧伤神，多思伤志。多指乱视，多言乱听。夺利争名，甘居人后。恶不可顺，美不可逆。二人同心，其利断金。耳听为虚，眼见为实。法不阿贵，绳不挠曲。凡事从实，积福自厚。凡事要好，须问三老。反水不收，后悔何及。防奸以政，救奢以俭。防民之口，甚于防川。防人疑众，不如自慎。方以类聚，物以群分。放情者危，节欲者安。

非才而据，咎悔必至。非财害己，恶语伤人。非仁无为，非礼无行。非常之事，何得循旧？吠声者多，辨实者寡。分久必合，合久必分。风流易荡，佯狂易颠。风无常顺，兵无常胜。

逢恶莫怕，遇善莫欺。弗虑胡获，弗为胡成。服美动目，行美动神。

福无双至，祸不单行。福在积善，祸在积恶。富贵在天，取舍在人。富无经业，货无常主。富在迎来，贫在弃时。覆巢之下，焉无完卵。覆舟之警，常在顺风。

改过不吝，从善如流。改过宜勇，迁善宜速。高岸为谷，深谷为陵。高者不说，说者不高。刚则易折，柔则常存。纲举目张，执本末从。

根枯枝朽，民困国残。公则生明，廉则生威。功不滥赏，罪不滥刑。功崇惟志，业广惟勤。攻其无备，出其不意。攻心为上，攻城为下。苟利社稷，死生以之。恭则不侮，宽则得众。固执己见，动失人心。乖汉做媒，痴汉做保。

官有正条，民有和约。官在得人，不在员多。关门养虎，虎大伤人。观人题壁，便识文章。管中窥豹，只见一斑。贵无常尊，贱不常卑。光阴似箭，日月如梭。

合理可作，小利莫争。好问则裕，自用则小。好言难得，恶语易施。好衣暖身，好话暖心。河狭水急，人急计生。河有两岸，事有两面。和气生财，忤逆生灾。和气致祥，乖气致戾。后生可畏，来者男诬。护疾忌医，掩耳盗铃。黄金累千，不如一贤。会家不忙，忙家不会。

佳期难得，好事多磨。兼听则明，偏信则暗。俭开福源，奢起贫兆。俭可养廉，静能生悟。俭节则昌，淫佚则亡。家贼难防，偷断屋粮。家有一老，黄金活宝。已饥方食，未饱先止。己所不欲，勿施于人。记人之善，忘人之过。技无大小，贵在能精。

祸福无门，惟人自召。击其空虚，袭其懈怠。饥在贱农，寒在惰织。机不可失，时不再来。积爱成福，积怨成祸。积财千万，无过读书。积德百年，丧德一日。吉人为善，惟日不足。见怪不怪，其怪自败。见利不贪，见美不淫。见强不怕，遇弱不欺。结草衔环，以恩报德。将贵专谋，兵贵奇胜。建官惟贤，任事惟能。谏之双美，毁之两伤。

江山风月，本无常主。近贤则聪，近愚则聩。近朱者赤，近墨者黑。戒于近者，不侈于远。金玉非宝，节俭是宝。金玉其外，败絮其中。

经师易求，人师难得。精诚所至，金石为开。井以甘竭，李以苦存。静以修身，俭以养德。静则神藏，躁则神夭。酒要少吃，事要多知。居必择地，行必依贤。居必择邻，交必良友。居丰行俭，在富能贫。居上克明，为下克忠。居心要宽，持身要严。局外之言，往往多中。鞠躬尽瘁，死而后已。举不失德，赏不失劳。举世混浊，清士可见。倦鸟思林，人老思家。

君子安贫，达人知命。君子报仇，十年不晚。君子动口，小人动手。君子独处，守正不挠。君子交绝，不出恶声。君有妒臣，贤人不至。君子上达，小人下达。君子养心，莫善于诚。君子一言，快马一鞭。君子争礼，小人争嘴。

开卷有益，作善降祥。砍柴上山，捉鸟上树。靠山吃山，靠水吃水。克勤克俭，无怠无荒。老实常在，脱空常败。礼简者诚，术异者争。礼下于人，必有所求。力不敌众，智不尽物。力能胜贫，谨能胜祸。利居众后，责在人先。利欲熏心，随人翕张。利口伪言，众所共恶。临祸忘忧，忧必及之。虑事周密，处心泰然。

路曲通天，人曲顺达。禄无常家，福无定门。流水不腐，户枢不蠹。邻居失火，不救自危。廉者憎贪，信者疾伪。两虎相斗，必有一伤。量入为出，凑少成多。

名病太高，才忌太露。名不动志，利不动心。名高妒起，宠极谤生。美必有恶，芬必有臭。迷而知返，得道不远。苗从地发，树向枝分。民生在勤，勤则不匮。

明枪易躲，暗箭难防。明修栈道，暗度陈仓。末大必折，尾大不掉。谋夫孔多，是用不集。谋事在人，成事在天。谋在于众，断在于独。木尺虽短，能量千丈。

内心不疚，何恤人言？闹里有钱，静处安身。内要伶俐，外要痴呆。男大须婚，女大必嫁。难乎能忍，妙在不言。难者不会，会者不难。能下人者，其志必高。溺财伤身，散财聚人。鸟贵有翼，人贵有志。

年年防饥，夜夜防盗。年年防歉，夜夜防贼。宁为玉碎，不为瓦全。宁可吃亏，不可食言。宁可失钱，不可失信。宁可湿衣，不可乱步。宁为鸡口，无为牛后。宁可无钱，不可无耻。

宁可做过，不可错过。宁以义死，不苟幸生。

弄花一年，看花十日。佞言似忠，奸言似信。怒后勿食，食后勿怒。怒是猛虎，欲是深渊。怒则思理，危不忘义。

皮鞭伤肉，恶语伤心。皮之不存，毛将焉附。偏听生奸，独任成乱。贫而无谄，富而无骄。贫不忘俭，富不学奢。贫穷自在，富贵多忧。朴能镇浮，静能御躁。

其寝不梦，其觉无忧。起居无常，惟适之安。欺人是祸，饶人是福。强学博览，足通古今。绮语背道，杂学乱性。器满则溢，人满则丧。

千经万典，孝义为先。千军易得，一将难求。千里之行，始于足下。千里之堤，溃于蚁穴。千人所指，无病而死。

前车已覆，后当改辙。前虑不定，后有大患。前人失脚，后人把滑。前人栽树，后人乘凉。前事不忘，后事之师。

青青不伐，将寻斧柯。轻上生罪，侮下无亲。轻则寡谋，骄则无礼。清风高节，争光日月。清能有容，仁能善断。清贫常乐，浊富多忧。

情以物迁，辞以情发。情志过极，非药可愈。情最难久，性自有常。穷不忘操，贵不忘道。穷不易操，达不患失。穷巷多怪，曲学多辩。群尚则爱，群弃则恶。去草绝根，在于未蔓。去食去兵，不可去信。

让礼一寸，得礼一尺。人各有能，因艺授任。人各有心，心各有见。人而无信，不知其可。人看从小，马看踢蹄。人离乡贱，物离乡贵。人平不语，水平不流。人贫志短，马瘦毛长。人情布的，冤家结的。人若无信，百事皆虚。人生苦处，只是此心。人生在勤，不索何获。人靠衣妆，马靠鞍掌。人谁无过，当容其改。人无刚强，安身不牢。人无利己，谁肯早起。人无善志，虽勇必伤。

人无十全，瓜甜蒂苦。人无衅焉，妖不自作。人为财死，鸟为食亡。人无远虑，必有近忧。人心不同，各如其面。人用财试，金用火试。人有短长，气有盛衰。人之嗜节，当以德消。人心要实，火心要虚。人之相知，贵相知心。人一已百，虽柔必强。

日有所思，夜有所梦。日出而作，日入而息。日出万言，必有一伤。日计不足，岁计有馀。日中则昃，月满则亏。任之必专，信之必笃。容纳直言，虚己待物。仁不以勇，义不以力。如不知足，则失所欲。如切如磋，如琢如磨。若争小可，便失大道。入乡问俗，入门问讳。

塞翁失马，安知非福？三人同行，必有我师。三日打鱼，两日晒网。色界难凭，情城难固。杀人偿命，欠债还钱。山不让尘，川不辞盈。山峭者崩，泽满者溢。

善必寿老，恶必早亡。善不可失，恶不可长。善持胜者，以强为弱。善学邯郸，莫失故步。善游者溺，善骑者附。善与人交，久而敬之。善者不辩，辩者不善。

赏罚不信，禁令不行。赏一劝百，罚一惩众。上交不谄，下交不骄。上无常操，下多疑心。上无骄行，下无谄德。舍己从人，最为难事。少不伏劳，老不安逸。少不勤苦，老必艰辛。

奢侈之费，甚于天灾。深计远虑，所以不穷。甚怒烦性，稍忍即歇。生当封侯，死当庙食。声色娱情，何若明窗。绳锯木断，水滴石穿。

圣人贵宽，世人贱众。圣人畏微，愚人畏明。圣贤言语，神钦鬼伏。胜而不骄，败而不怨。失之东隅，收之桑榆。失众必败，得众必成。施不在丰，期于救乏。施惠无念，受恩莫忘。施舍不倦，求善不厌。

十年树木，百年树人。石卵不敌，蛇龙不斗。实处着脚，稳处下手。食不厌精，脍不厌细。食不重味，衣不杂采。食能以时，身必无灾。

矢在弦上，不得不发。使心用心，反害自身。始交不慎，后必成仇。士别三日，刮目相看。恃德者昌，恃力者亡。势利之交，难以经远。势胜必衰，形露必败。

事后掩饰，不如慎始。事忌脱空，人怕落套。事贵应机，兵不厌诈。事怕合计，人怕客气。事要三思，免劳后悔。事以急败，思因缓得。事以密成，语以泄败。事预则立，不预则废。

守分安命，顺时听天。守口如瓶，防意如城。寿夭在天，安危在人。受人之托，终人之事。束书不观，游谈无根。

树大伤根，气大伤身。树大招风，气大遭凶。树高千丈，落叶归根。树老根多，人老识多。树怕剥皮，人怕伤心。树怕烂根，人怕无志。数无终穷，运不长厄。

思则有备，有备无患。水涨船高，泥多佛大。顺天者存，逆天者亡。松柏之地，其草不肥。送君千里，终须一别。速效莫求，小利莫争。泰则必侈，侈则必穷。所贵惟贤，所宝惟谷。他山之石，可以攻玉。太刚则折，至察无徒。贪则多失，忿则多难。桃李不言，下自成蹊。体欲常劳，食欲常少。

天不可违，时不可失。天网恢恢，疏而不漏。天下兴亡，匹夫有责。天下有道，庶人不议。天下之祸，皆兴于内。天眼恢恢，报应甚速。甜不宜少，苦不宜老。铁怕落炉，人怕落套。投我以桃，报之以李。同病相怜，同忧相救。同困相忧，同亨相仇。同心合意，庶几有成。偷吃不肥，做贼不富。头回上当，二回心亮。

为山九仞，功亏一篑。为善最乐，为恶难逃。为者常成，行者常至。围师必阙，穷寇勿追。未量他人，先量自己。位尊身危，财多命殆。畏能止祸，足能止贪。畏危者安，畏亡者存。玩人丧德，玩物丧志。万夫一力，天下无敌。万事俱备，只欠东风。妄赏不劝，妄罚不畏。为富不仁，为仁不富。闻见欲众，采择欲谨。我有嘉宾，鼓瑟吹笙。屋怕不稳，人怕忘本。

无辩息谤，不争止怨。无德不贵，无能不官。无功受禄，寝食不安。无心者公，无我者明。无信者疑，人休蔽之。无言不雠，无德不报。无医枯骨，无浇朽木。

毋拒直言，勿纳偏言。物极则反，器满则倾。物极必反，数穷则变。物盛人衰，物坚人脆。物有必至，事有固然。

习勤忘劳，习逸成惰。习闲成懒，习懒成病。瑕不掩瑜，瑜不掩瑕。先到为君，后到为臣。先揆后度，所以应卒。相思之甚，寸阴若岁。小人自大，小溪声大。歇事难奋，玩民难振。心安理得，海阔天空。心不负人，面无惭色。心不外驰，气不久浮。心无结怨，口无烦言。信言不美，美言不信。行生于己，名生于人。兄弟相害，不如友生。休忙休懒，不懒不忙。学不必博，要之有用。许人一物，千金不移。虚谈废务，浮文妨要。学贵心悟，守旧无功。学贵有恒，勤能补拙。学贵专门，识须坚定。学好三年，学坏三天。学如牛毛，成如麟角。

一犬吠形，百犬吠声。一人传虚，百人传实。一人投命，足惧千夫。一夫拼命，万夫难敌。一人道好，千人传实。一人得道，鸡犬升天。一人修路，万人安步。一人有庆，兆民感赖。言多语失，食多伤心。羊羔虽美，众口难调。

扬汤止沸，不如去薪。养儿防老，积谷防饥。养军千日，用在一朝。养人者田，害人者钱。药补食补，不如心补。养寿之士，先病服药。野无遗贤，万邦咸宁。

一胜一负，兵家常势。一日纵敌，患在数世。一手独拍，虽疾无声。一息尚存，此志不懈。一言既出，驷马难追。一张一弛，文武之道。一叶障目，不见泰山。一争两丑，一让两有。

衣不求华，食不厌蔬。衣不厌新，人不厌故。疑行无成，疑事无功。疑则生怨，信则共举。以管窥天，用锥指地。以财为草，以身为宝。以仁为富，以义为贵。以书益智，智在明理。以逸制劳，以静制动。以迂为直，以患为利。以直报怨，以德报德。以子之矛，攻子之盾。

义动君子，利动贪人。义之所在，贱不可忽。因风吹火，用力不多。因能授职，各取所长。因人成事，其功不难。因时制宜，审势而行。饮水思源，缘木思本。隐恶扬善，执其两端。萤仅自照，雁不孤行。

庸言必信，庸行必慎。用人不疑，疑人不用。用人之言，若自己出。忧能伤人，竟成沉疾。有借有还，再借不难。

中华圣贤经

有礼则安，无礼则危。有无相生，难易相成。有则改之，无则加勉。有心烧香，不论早晚。与人当宽，自处当严。与人方便，自己方便。怨因德彰，仇因恩立。月晕而风，础润而雨。

早点起床，万事顺当。早知今日，悔不当初。运用之妙，存乎一心。杖圣者帝，杖贤者王。真廉无名，大巧无术。

知己知彼，百战不殆。知己知彼，将心比心。知人者智，自知者明。知之非艰，行之惟艰。知者不博，博者不知。知者不言，言者不知。知足常乐，能忍自安。知足则乐，务贪必忧。直木先伐，甘井先竭。志要豪华，趣要澹泊。志不求易，事不避难。欲思其成，必虑其败。欲心要淡，道心要艳。欲知其人，观其所施。欲远是非，慎交为先。欲当大任，须是笃实。欲加之罪，何患无辞。

鹬蚌相争，渔翁得利。至奇无惊，至美无艳。治兵以信，求胜以奇。治国常富，乱国常贫。治国有常，利民为本。鸷鸟将击，卑飞敛翼。智以险昌，愚以险亡。智者不愁，多为少忧。置将不善，一败涂地。

众怒难犯，专欲难成。众盲摸象，各说异端。众庶成强，增积成山。众口难辩，孤掌难鸣。重赏之下，必有勇夫。诛人者死，诛心者生。昼之所为，夜必思之。众口销骨，三人成虎。嘴上无毛，办事不牢。自多其能，其能不足。自高者危，自满者亏。综学在博，取事贵约。纵遇险徒，止付一笑。足寒伤心，民怨伤国。作善日休，为善最乐。坐吃山空，立吃地陷。

经一番挫折，长一番识见；容一番横逆，增一番器度；省一分经营，多一分道义；学一分退让，讨一分便宜；增一分享用，减一分福泽；加一分体贴，知一分物情。闲中不放过，忙处有受用；静中不落空，动处有受用；暗中不欺隐，明处有受用。无常安之国，无宜治之民，得贤者安宁，失贤者危亡。

透得名利关，方是小休歇；透得生死关，方是大休歇。贪他一斗米，失却半年粮；争他一脚豚，反失一肘羊。堂堂八尺躯，莫听三寸舌，舌上有龙泉，杀人不见血。天堂无则已，有则君子登；地狱无则已，有则小人入。

磨刀恨不利，刀利伤人指；求财恨不多，财多终累己。为草当作兰，为木当作松；兰幽香风远，松寒不改容。建功立业者，多虚圆之士；偾事失机者，必执拗之人。积丘山之善，尚未为君子；贪丝毫之利，便陷于小人。闻毁勿戚戚，闻誉勿欣欣，自顾行何如，毁誉安足论。吾本薄福人，宜行惜福事；吾本薄德人，宜行厚德事。以书御车者，不尽马之情；以古制今者，不达事之变。推人与扶人，都是一般手；陷人与赠人，都是一般口。

勿慕贵与富，勿忧贱与贫，自问道何如，贵贱安足云。纵意之輋笑，成千古之忧；游口之春秋，中一生之毒。以诚感人者，人亦以诚应；以诈御人者，人亦以诈应。以众资己者，心逸而事济；以己御众者，心劳而怨聚。

求木之长者，必固其根本；欲流之远者，必浚其源泉。有一言之微，而千古如新；有一字之义，而百世如见。思量疾厄苦，无病便是福；思量患难苦，平安便是福。肆傲者纳侮，讳过者长恶，贪利者害己，纵欲者戕生。身安茅屋稳，性定菜羹香，识破世间事，淡中滋味长。山栖是胜事，书画是雅事，诗酒是乐事，好客是达事。泉竭则流涸，根朽则叶枯；枝繁者荫根，条落者本孤。

人必其自爱，然后人爱诸；人必其自敬，然后人敬诸。人非贤莫交，物非义莫取，忿非善莫举，事非是莫说。人生天地间，富贵谁不欲，已力不营运，日用安能足？

若要德业成，先学受穷困；若要无烦恼，惟有知足好。若要度量长，先学受冤枉；若要度量宽，先学受懊烦。

十分不耐烦，乃为人大病；一味学吃亏，是处事良方。事不可做尽，言不可道尽；势不可倚尽，福不可享尽。蔬食足充饥，何必膏粱珍；缯絮足御寒，何必锦绣文。损他人之物，折自己之福；坏他人之事，作自己之祟。

器具质而洁，瓦缶胜金玉；饮食约而精，园蔬愈珍馐。男若勤耕种，饥不愁谷粟；女若工纺织，寒不虑衣服。力学如力耕，勤惰尔自知，但使书种多，会有岁稔时。廉于小者易，廉于大者难；廉于始者易，廉于终者难。聚天下之人，不可以无财；理天下之财，不可以无义。口是祸之门，舌是斩身刀，闭口深藏舌，安身处处牢。老成人受病，在作意步趋；少年人受病，在假意超脱。两人一般心，无钱堪买金；一人一般心，有钱难买针。

亲有十分慈，君不念其恩；儿有一分孝，君就扬其名。戒尔勿嗜酒，狂药非美味，能移谨厚性，化作凶顽类。鉴形之美恶，必就于止水；鉴国之安危，必取于亡国。乖汉瞒痴汉，痴汉总不知；乖汉做驴子，却被痴汉骑。官省则事省，事省则人清；官烦则事烦，事烦则人浊。好雨知时节，当春乃发生，随风潜入夜，润物细无声。春夏宜早起，秋冬任晏眠，晏忌日出后，早忌鸡鸣前。

安分身无辱，知机心自闲；虽居人世上，却是出人间。道生于安静，德生于卑退，福生于清俭，命生于和畅。东海广且深，由卑下百川；五岳虽高大，不逆垢与尘。读书数万卷，胸中无适主，便如暴富儿，颇为用钱苦。读书者不贱，守田者不饥，积德者不倾，择交者不败。多读两句书，少说一句话，读得两行书，说得几句话。儿孙胜于我，要钱做甚么；儿孙不如我，要钱做甚么。泛交则多费，多费则多营，多营则多求，多求则多辱。

福者祸之先，利者害之始，恩者怨之媒，誉者毁之招。富若不教子，钱谷必消亡；贵若不教子，衣冠受不长。得不偿失者，弹雀之隋珠；物重于人者，换马之爱妾。

不思故有惑，不求故无得，不问故不知。富贵不能淫，贫贱不能移，威武不能屈。好学近乎知，力行近乎仁，知耻近乎勇。轻誉者失实，轻予者失恩，轻许者失言。

爱出者爱反,福往者福来。安分身无辱,是非口莫开。暗中休使箭,乖里放些呆。白日莫空过,青春不再来。不忍或不耐,小事翻成害。逝川与流光,飘忽不相待。

不将辛苦意,难得世人财。春与人相乖,柳青头转白。才者德之资,德者才之帅。白丝与红颜,相去咫尺间。不担三分险,难练一身胆。贵出如粪土,贱取如珠玉。

不怕来浓艳,只怕去沾恋。不生燥妄气,自有清虚天。不听老人言,吃苦在眼前。不以言举人,不以人废言。不与寒霜斗,哪来春满园。操与霜雪明,量与江海宽。必先蹑其卑,然后履其高。不学蒲柳凋,贞心常自保。不因渔父引,怎得见波涛。

沉忧损性灵,服药亦枯槁。丑是家中宝,可喜惹烦恼。处世忌太洁,至人贵藏辉。安危在出令,存亡在所任。百虑输一忘,百巧输一诚。

不怕人不敬,就怕己不正。不学腰如磬,徒使甑生尘。不一则不专,不专则不能。遍身罗绮者,不是养蚕人。不是一家人,不进一家门。不受苦中苦,难为人上人。不为近重施,不为远遗恩。

虎瘦雄心在,人贫志气存。多言则背道,多欲则伤生。恩不论多寡,怨不在浅深。发誓发得灵,监房无罪人。恭可平人怒,让可息人争。恭者不侮人,俭者不夺人。

古来忠烈士,多出贫贱门。怪人不知礼,知礼不怪人。过生于轻慢，罪生于不仁。患至而后图，智者有不能。黄金未是宝，学问胜珠珍。回顾莫辞频，前人怕后人。近乡情更怯，不敢问来人。成人不自在，自在不成人。安求一时誉，当期千载知。百尺无寸枝，一生自孤直。

棒头出孝子，箸头出忤逆。本是同根生，相煎何太急。饱暖非天降，赖尔筋与力。悖入亦悖出，害人终害己。备周则意怠，常见则不疑。病来如山倒，病去如抽丝。不为穷变节，不为贱易志。谗邪害公正，浮云翳白日。

草木本无意，荣枯自有时。长存君子道，须有称心时。善若施于人，祸不侵于己。少吃多滋味，多吃坏肚皮。声和则响清，形正则影直。圣人不曾高，众人不曾低。盛者衰之始，福者祸之基。十年磨一剑，霜刃未曾试。

人善被人欺，马善被人骑。人无害虎心，虎有伤人意。人心无算处，国手有输时。潜静以养心，强毅以笃志。轻与必滥取，易信必易疑。晴干开水道，须防暴雨时。求财恨不得，财多害自己。饶人不足痴，过后得便宜。盲人骑瞎马，夜半临深池。痿人不忘起，盲者不忘视。

门内有君子，门外君子至。名能使人矜，势能使人倚。木受绳则直，金就砺则利。农夫方夏耘，安坐吾敢食。君子坦荡荡，小人长戚戚。君子喻于义，小人喻于利。

虎豹不可骑，人心隔肚皮。黄金浮世在，白发故人稀。饥者歌其食，劳者歌其事。计功而行赏，程能而授事。冀无身外

忧，自有闲中益。见事知长短，人面识高低。功高成怨府，权盛是危机。富贵生淫逸，沉溺致愚疾。

甘瓜抱苦蒂，美枣生荆棘。工欲善其事，必先利其器。隔行如隔山，隔行不知艺。当及未衰时，晚节早自励。得时莫夸能，不遇休妒世。德足以感人，财足以累己。敌强则用智，敌弱则用势。读书何所求？将以通事理。

春秋多佳日，登高赋新诗。春荣谁不慕，岁寒良独希。春种一粒粟，秋收万颗子。大匠无弃材，寻尺各有施。大渴不大饮，大饥不大食。大鱼吃小鱼，小鱼吃虾子。

度德而处之，量力而行之。多锉出快锯，多做长知识。多权者害诚，好功者害义。伐欲以炼情，绝俗以达志。古人大业成，皆自忧患始。光景不待人，须臾发成丝。国乱思良将，家贫思贤妻。

好胜者必败，恃壮者易疾。好事不出门，恶事行千里。树义不制胜，不如不开衅。水深流去慢，贵人语话迟。水积而鱼聚，木茂则鸟集。藤萝绕树生，树倒藤萝死。天下本无事，庸人自扰之。推诚而不欺，守信而不疑。图难于其易，为大于其细。外合不由中，虽固终必离。数战则民劳，久师则兵弊。

闻善言则拜，告有过则喜。文章千古事，得失寸心知。勿嗟旧岁别，行与新岁辞。象以齿焚身，蚌以珠剖体。修身不言命，谋道不择时。秀才不出门，能知天下事。

学习不温习，雨过湿地皮。学问尚精专，研摩贵纯一。穴蚁能防患，常于未雨移。薰莸不共器，枭鸾不比翼。循序而渐进，熟读而精思。严家无悍虏，慈母有败子。白酒红人面，黄金黑人心。百金孰为重，一诺良匪轻。饱暖思淫欲，饥寒起盗心。保生者寡欲，保身者避名。冰炭不同器，日月不并明。

不广求故得，不杂学故明。不困在豫慎，见祸在未形。道高龙虎伏，德重鬼神钦。从来名利地，皆起是非心。不栽桃李树，何日得成阴。

才饱身自贵，巷荒门岂贫。嗔是心中火，能烧功德林。白日无定影，清江无定波。帮人帮到底，救人救个活。病加于小愈，祸生于懈惰。兵熊熊一个，将熊熊一窝。百年随时过，万事转头空。不怕少年苦，只怕老来穷。持身不可轻，用意不可重。安步以当车，晚食以当肉。本朽则末枯，源浅则流促。不怕千日密，只愁一事疏。不听老人言，定有凄惶处。

成立最艰难，破荡极迅速。此处不留人，自有留人处。从来经国者，宁不念樵渔。博览广识见，寡交少是非。不知道渡口，千万别下水。船无水难行，鸟无翅难飞。大海从鱼跃，长空任鸟飞。但看花开落，不言人是非。

不涸泽而渔，不焚林而猎。春不分不暖，夏不至不热。常饮菊花茶，老来眼不花。柴多火焰高，人多声音大。出钱有功德，勿用拜菩萨。藏不得是拙，露不得是丑。处高心不有，临节自为名。处治世宜方，处乱世宜圆。触来莫与说，事过心清凉。春华不自赏，壮岁求其根。刺股情方励，偷光思益深。大家都是命，半点不由人。

但存方寸土，留与子孙耕。得志万罪消，失志百丑生。读书破万卷，下笔如有神。多才自劳苦，无有只因循。财不如义高，势不如德尊。道险不在广，十步能摧轮。从来有名士，不用无名钱。从来天下士，只在布衣中。

打柴问樵夫，驶船问艄公。打人不打脸，骂人不揭短。达者未必知，穷者未必愚。从善则有誉，改过则无咎。大事不糊涂，小事不渗漏。大鱼依巨海，神龙据川泉。待小人宜宽，防小人宜严。

但存一子孝，何用子孙多？但看三五日，相见不如初。但能守本分，终须无烦恼。但知勤作福，衣食自然丰。淡中交耐久，静里寿延长。得趣不在多，会景不在远。得知千载事，正赖古人书。登山须正路，饮水须直流。德足以怀远，才足以鉴古。点石化为金，人心犹未足。

独柯不成树，独树不成林。独行不愧影，独寝不愧衾。读书不知味，不如束高阁。读书虽可喜，何如躬践履。读书须用意，一字值千金。度量放宽宏，见识休局促。蠹众而木折，隙大而墙坏。端人贵洁己，宁使霜露侵。

多能者鲜精，多虑者鲜解。多闻而体要，博见而善择。多求徒心足，未足旋倾覆。多私者不义，扬言者寡信。多下及时雨，少放马后炮。多有势利朋，少有岁寒操。

惰而侈则贫，力而俭则富。阿谀人人喜，直言个个嫌。厄穷而不悯，遗佚而不怨。恶求千贯易，善化一文难。儿不嫌母丑，狗不嫌家贫。饭吃八成饱，到老肠胃好。烦恼是场病，

快活是贴药。放荡功不遂，满盈身必灾。分手脱相赠，平生一片心。

风前灯易灭，川上月难留。风俗不淳俭，财用无丰足。封侯非我意，但愿海波平。逢桥须下马，过渡勿争船。夫妻相合好，琴瑟与笙簧。浮云游子意，落日故人情。福生于清俭，德生于卑退。福生于隐约，祸生于得意。富从升合起，贫因不算来。富而无骄易，贫而无怨难。富贵本无根，尽从勤里得。富贵如浮云，金玉不为宝。富人思来年，贫人顾眼前。

覆水不可收，行云难重寻。富嫌千口少，贫恨一身多。高才何必贵，下位不妨贤。耕牛无宿草，仓鼠有余粮。弓硬弦易断，人强祸必随。根固则木长，源竣则流远。割不断的亲，离不开的邻。隔墙须有耳，窗外岂无人。高者未必贤，下者未必愚。根浅则末短，本伤则枝枯。攻敌所不守，守敌所不攻。

共君一夜话，胜读十年书。孤举者难起，众行者易趋。古称国之宝，谷米与贤才。古交如真金，百炼色不回。古来王佐才，往往待圣哲。

瓜田不纳履，李下不正冠。官清书吏瘦，神灵庙祝肥。观今宜鉴古，无古不成今。观人如观玉，拙眼喜讥评。贵自勤中得，富从俭里来。国待人而治，人待学而成。国清才子贵，家富小儿骄。国以民为根，民以谷为命。

寡言则省谤，寡欲则保身。海内存知己，天涯若比邻。含容终有益，任意是生灾。好而知其恶，恶而知其美。好风凭借力，送我上青云。好货不便宜，便宜没好货。好景休辜负，黄金买不来。好胜者必争，贪荣者必辱。好事须相让，坏事莫相推。

何以保贞坚，赠君青松色。何以称英雄，识以领其先。何意百炼钢，化为绕指柔。何妨粟有秕，惟箕簸之精。虎离山无威，鱼离水难活。虎生犹可近，人熟不堪亲。厚德可载物，拙诚可信人。花有重开日，人无再少年。

患生于多欲，害生于不备。患生于多欲，祸生于多贪。患生于忿怒，祸起于纤微。黄金未为贵，安乐值钱多。黄金无足色，白璧有微瑕。黄河清有日，白发黑无缘。

饥者易为食，渴者易为饮。会当凌绝顶，一览众山小。火不热贞玉，蝇不点清冰。己情不可纵，人情不可拂。急难时救人，一善当百善。吉人之辞寡，躁人之辞多。积善有余庆，多藏必厚亡。及之而后知，履之而后艰。疾风知劲草，岁寒见后凋。

家和贫也好，不义富如何。家中勤检校，衣食莫令偏。家中无才子，官从何处来。嘉谷不夏熟，大器当晚成。俭过则悭吝，让过则足恭。俭用胜求人，奢侈莫随俗。蛟龙得云雨，终非池中物。结交须胜己，似我不如无。节食则无疾，择言则无祸。洁常自污出，明每从晦生。

见人施一礼，少走十里路。见人先作揖，礼多人不怪。见善如不及，见恶如探汤。见秀才说书，见屠夫说猪。健儿须快马，快马须健儿。江村独归处，寂寞养残生。将相本无种，男儿当自强。紧行无好步，慢尝得滋味。

近水知鱼性，近山识鸟音。尽善固可扬，片善不可遏。近情苦自信，君子防未然。敬他还自敬，轻他还自轻。久立先养足，久夜先养目。久晴大雾雨，久雨大雾晴。久卧者思起，久蛰者思启。久要不可忘，薄终义所尤。久住令人贱，频来亲也疏。

酒逢知己饮，诗向会人吟。酒能祛百虑，菊解制颓龄。酒是治愁药，书是引睡媒。居高声自远，非是藉秋风。

居高无忘危，在上无忘敬。巨海纳百川，麟阁多才贤。捐躯赴国难，视死忽如归。绝顶人来少，高松鹤不群。掘井须到流，结交须到头。爵高者忧深，禄厚者责重。

君看构大厦，何曾一日成。君有丈夫泪，泣人不泣身。君子断其初，先明后不争。君子防未然，不处嫌疑间。君子淡如水，岁久情愈真。君子量不极，胸吞百川流。君子求诸己，小人求诸人。君子山岳定，小人丝毫争。

刻薄不赚钱，忠厚不折本。口要缄得稳，舌要卷得紧。口拙无是非，事拙无怨对。开敢谏之路，纳逆己之言。砍柴砍小头，问路问老头。看取莲花净，方知不染心。客来主不顾，应恐是痴人。昆山积琼玉，广厦构众材。困难乃见才，不止将有得。

懒惰促人老，勤练可长寿。懒者常似静，静岂懒者徒。老姜辣味大，老人经验多。老马识路数，老人通世故。老人不讲古，后生会失谱。乐至则无怨，礼至则不争。

离家三里远，别是一家风。离却是非门，退想心就足。理字不多大，千人抬不动。礼义生富贵，贼盗出饥寒。力微休负重，言轻莫劝人。立秋三场雨，遍地是黄金。利器必先举，非贤安可任。临财毋苟得，临难毋苟免。良缘由夙缔，佳偶自天成。良工须利器，巧匠待绳墨。良马不念秣，烈士不苟营。廉所以戒贪，让所以戒争。

量大福亦大，机深祸亦深。量少非君子，德高乃丈夫。量嫌六合隘，身负五岳轻。量小非君子，无度不丈夫。烈士让千乘，贪夫争一文。令苟则不听，禁多则不行。流年莫虚掷，华发不相容。

留得青山在，不怕没柴烧。律己则寡过，绳人则寡合。落地为兄弟，何必骨肉亲？路遥知马力，日久见人心。路不行不到，事不为不成。龙无云不行，鱼无水不生。露从今夜白，月是故乡明。

马不打不奔，人不激不发。马不可负重，牛不可追速。勉之期不止，多获由力耘。忙中多错事，醉后吐真言。没钱买肚肺，睡觉养精神。没有金刚钻，不揽瓷器活。

美食须熟嚼，生食不粗吞。灭却心头火，剔起佛前灯。妙唱非关古，多情岂在腰。名山如高人，岂可久不见？

名高毁所集，言巧智难防。名节重泰山，利欲轻鸿毛。明知山有虎，莫向虎山行。命贫君子拙，时来小人强。

莫不有终期，圣贤不能免。莫道桑榆晚，微霞尚满天。莫将容易得，便作等闲看。莫笑无危道，虽平更陷人。莫信直中直，须防仁不仁。莫言名与利，名利是身仇。

母爱无所报，人生更何求。母苦儿未见，儿劳母不安。木槿争春荣，松柏弥见贞。木受绳则直，人受谏则圣。木无本必枯，水无源必竭。难将百镒金，挽留一寸晷。纳爽耳目变，玩奇筋骨轻。难合亦难分，易亲亦易散。男儿自有守，可杀不可苟。脑子不怕用，身体不怕动。内称不避亲，外举不避怨。

年在桑榆间，影响不能追。年丰妇子乐，日出牛羊散。鸟兽无杂病，穷汉没奇症。鸟有并翼飞，兽有比肩行。宁可人负我，切莫我负人。宁伸扶人手，莫开陷人口。宁受人之欺，毋逆人之诈。宁为真士夫，不为假道学。宁向直中取，不可曲中求。宁遭父母手，莫遭父母口。宁走十步远，不走一步险。宁作沉泥玉，无为媚渚兰。怒甚偏伤气，思多太损神。女相妒于室，士相嫉于朝。

蚍蜉撼大树，可笑不自量。贫穷因懒惰，借贷遭耻辱。贫游不可忘，久交念敦敬。平畴交远风，良苗亦怀新。平生怀直心，读书养道德。平生铁石心，忘家思报国。平生仗忠节，今日住风波。平时肯帮人，急时有人帮。

妻贤夫祸少，子孝父心宽。欺老莫欺小，欺人心不明。千里不同风，百里不共雷。千里始足下，高山起微尘。千里送鹅毛，礼轻情意重。千金何足贵，一士固难求。千金何足重，所存意气间。

　　铅矿入炉冶，方知金不真。钱财如粪土，仁义值千金。钱到公事办，火到猪头烂。勤俭传家久，谦下受益多。勤是财外财，用掉还会来。青春岂不惜，行乐非所欲。轻者重之端，小者大之源。晴天不肯去，只待雨淋头。

　　情动而言形，理发而文见。情忧不在多，一夕能白头。求士莫求全，用人如用木。屈己者和众，宽人者得人。蚯蚓霸一穴，神龙行九天。劝人终有益，挑唆害无穷。

　　染于苍则苍，染于黄则黄。去时终须去，再三留不住。人不劝不善，钟不打不鸣。人不通今古，马牛如襟裾。人不知己过，牛不知力大。人多出韩信，智多出孔明。人高谈今古，物高价出头。人和自得乐，家和万事兴。人横有道理，马横有缰绳。人患志不立，何忧名不彰。人急了悬梁，狗急了跳墙。人归落雁后，思发在花前。人生贵相知，何必金与钱。

　　人生贵潇洒，天运任轮回。人欺不是辱，人怕不是福。人老心未老，人穷志莫穷。人若有气魄，方做得事成。人生处万类，知识最为贤。人生非寒松，年貌岂长在。人生归有道，衣食固其端。人行犹可复，岁行那可追。人生如朝露，白发日夜催。人生要当学，安宴不彻警。人生有所贵，所贵有始终。人事有代谢，往来成古今。人生志气立，所贵功业昌。

　　人往高处走，水往低处流。人无千日好，花无百日红。人欲劳于形，百病不能成。人争一口气，佛受一炉香。人知粪其田，莫知粪其心。若要断酒法，醒眼看醉人。若要工夫深，铁杵磨成针。若要人不知，除非己莫为。若要人敬己，先必己敬人。

日日行方便，时时发善心。荣名秽人身，高位多灾患。仁为众善本，贪是诸恶源。忍得一时忿，终身无恼闷。忍耐记心间，烦恼不沾边。忍泣日易衰，忍忧形易伤。

三百六十行，行行出状元。三杯和万事，一醉解千愁。山锐则不高，水狭则不深。山上无老虎，猴子称霸王。山深更须入，闻有早梅村。山中有直树，世上无直人。

善处真君子，刁唆是祸胎。善下斯为大，能虚自有容。上山擒虎易，开口求人难。少杯不乱性，忍气免伤财。少成若天性，习惯如自然。少年成老大，吾道付逶迤。少年乐新知，衰暮思故友。少欲则心静，心静则事简。少壮不努力，老大徒伤悲。少壮轻年月，迟暮惜光辉。

奢者富不足，俭者贫有余。奢者心常贫，贫者心常富。舌为利害本，口是祸福门。身安莫怨贫，无病休嫌瘦。身贵而愈恭，家富而愈俭。射人先射马，擒贼先擒王。慎在于畏小，智在于治大。慎重则必成，轻发则多败。

生财从大道，处世守中和。生材贵适用，幸勿多苛求。生儿不用多，了事一个足。生有益于人，死不害于人。生时招不来，死时带不去。省事心常逸，无营机更忘。师傅领进门，修行靠个人。诗书勤乃有，不勤腹空虚。

盛满易为实，谦冲恒受福。盛年不重来，一日难再晨。施恩勿求报，与人勿追悔。施人慎勿念，受施慎勿忘。十月胎恩重，三生报答轻。石以坚为性，君勿轻素诚。

识得善中味，人间自在仙。识时贵知今，通情贵阅世。识真方知假，无奸不显忠。时穷节乃现，一一垂丹青。时危见臣节，世乱识忠良。时异而势异，势异而理异。食淡精神爽，心清梦寐安。食饱不可睡，睡则诸疾生。

世人漫结交，其后每多悔。世事静方见，人情淡始长。世上无难事，只怕有心人。世事明如镜，前程暗似漆。世质则官少，世文则吏多。室雅何须大，花香不在多。是非来入耳，不听自然无。势败休云贵，家亡莫论亲。事修而谤兴，德高而毁来。

受知固不易，知士诚尤难。守身必谨严，养心须淡泊。守职而不废，处义而不回。树倒猢狲散，墙倒众人推。树高不离土，叶落仍归根。树老半空心，人老百事通。谁言寸草心，报得三春晖。谁知盘中餐，粒粒皆辛苦。

水不激不跃，人不激不奋。水性虽能流，不导则不通。水落现石头，日久见人心。水浊则鱼喁，令苛则民乱。睡觉不蒙头，清晨郊外走。思危以求安，虑退以能进。四海变秋气，一室难为春。松柏本孤直，难为桃李颜。岁老根弥壮，阳骄叶更阴。岁去人头白，秋来树叶黄。俗儒好尊古，日日故纸研。损人即自损，爱人即自爱。损人终自失，倚势祸相随。损友敬而远，益友亲而近。所逢苟非义，粪土千万金。

天道有迁易，人理无常存。天地无终极，人命若朝霞。天意高难问，人情老易悲。天无一月雨，人无一世穷。天下无难事，只怕有心人。

庭前生瑞草，好事不如无。填不满贪海，攻不破疑城。同心可断金，首要重然诺。同欲者相憎，同忧者相亲。偷安者后危，虑近者忧迩。土相扶为墙，人相扶为王。

外举不隐仇，内举不隐亲。晚饭少吃口，活到九十九。纨绔不饿死，儒冠多误身。为官须作相，及第必争先。万事分已定，浮生空自忙。王业须良辅，建功俟英雄。往者不可谏，来者犹可追。枉士无正友，曲上无直下。危国无贤人，乱政无善人。

惟勤能补拙，尚俭可成廉。唯恕则情平，唯俭则用足。闻其言则是，校其行则非。温柔终益已，强暴必招灾。文籍虽满腹，不如一囊钱。文情不厌新，交情不厌陈。文以行为本，在先诚其中。文章憎命达，魑魅喜人过。问君何能尔，心远地自偏。无官一身轻，有子万事足。

我观人间世，无如醉中真。我生待明日，万事成蹉跎。无钱方断酒，临老始看经。无钱休入众，遭难莫寻亲。无肉令人瘦，无竹令人俗。无事则深忧，有事则不惧。无意苦争春，一任群芳妒。

吾心原止水，世态任浮云。无欲则生仁，欲盛则怀毒。物苦不知足，得陇又望蜀。勿使悲欢极，当令饮食均。勿谓长少年，光阴如转轴。物情无巨细，自适固其常。物以稀为贵，情因老更慈。物有所不足，智有所不明。

习静身方泰，无机心自闲。夕阳无限好，只是近黄昏。贤者不必贵，仁者不必寿。鲜肥属时禁，蔬果幸见尝。贤妇令夫贵，恶妇令夫败。细微处留心，德义中立脚。狎甚则相简，庄甚则不亲。

先下手为强，后下手遭殃。先众人而为，后众人而言。闲时不烧香，急时抱佛脚。相识满天下，知心能几人。相见易得好，久住难为人。相骂无好言，相打无好拳。相知无远近，万里尚为邻。相马失之瘦，相士失之贫。

销患于未形，保治于未然。小人自龌龊，安知旷士怀。小人槿花心，朝在夕不存。心安茅屋稳，性定菜根香。心好命也好，富贵直到老。心似双丝网，中有千千结。心无一事累，物有十分春。心虚体自轻，飘飘若仙步。孝在于质实，不在于饰貌。蝎盛则木朽，欲胜则身枯。

信足以一异，义足以得众。兴废由人事，山川空地形。惺惺常不足，朦朦作公卿。刑天舞干戚，猛志固常在。行船趁顺风，打铁趁火红。行路能开口，天下随便走。行为不正经，舌头短三分。行修而名立，理得则心安。性癖交游少，疏狂兴趣长。兄弟敦和睦，朋友笃信诚。

休买贵后贱，休逐众人见。休争三寸气，白了少年头。休依时来势，提防时去年。言美则响美，言恶则响恶。学诗须透脱，信手自孤高。学所以治己，教所以治人。

言轻则招忧，貌轻则招辱。眼睛不识宝，灵芝当蓬蒿。药能医假病，酒不解真愁。药医不死病，佛度有缘人。雁飞不到处，人被利名牵。仰不愧于天，俯不怍于人。养性须修善，欺心莫吃斋。

要学惊人艺，需下苦工夫。要以我用书，勿为书所绊。要知父母恩，怀里抱儿孙。要知天下事，须读古人书。要知山下路，须问过来人。业广因功苦，拳拳志士心。

一正辟三邪，人正辟百邪。一正压百邪，少见必多怪。一羽示风向，一草示水流。一语不能践，万卷徒空虚。一朝被蛇咬，十年怕井绳。一朝权在手，便把令来行。一顾重尺璧，千金轻一言。一解市头语，便无邻里情。一粒红稻饭，几滴牛颔血。一诺许他人，千金双错刀。一字入公门，九牛拖不出。

衣食当须纪，力耕不吾欺。以身教者从，以言教者讼。银钱如粪土，脸面值千金。义者利之足，贪者怨之本。易求无价宝，难得有心郎。因人见风俗，入境闻方言。

饮食约而精，园蔬逾珍馐。英雄行险道，富贵似花枝。英雄造时势，时势造英雄。庸人多自扰，痴客为人忙。用人取其长，教人责其短。忧伤能伤人，绿鬓变霜鬓。由来大度士，不受流俗侵。由来富与权，不系才与贤。由俭入奢易，由奢入俭难。有备则制人，无备制于人。有得须有失，无福亦无祸。有儿贫不久，无子富不长。有理言自壮，负屈声必高。有风方起浪，无潮水自平。有钱道真语，无钱语不真。有钱堪出众，无衣懒出门。有钱可使鬼，无钱鬼揶揄。有容德乃大，无欺心自安。有雨山戴帽，无雨云拦腰。有欲者无刚，有私者无断。有麝自然香，何必当风立。有终身之忧，无一朝之患。有子万事足，无债一身轻。

欲粟者务时，欲治者因势。渔利者害多，务名者毁至。渔猎不同风，舟车不并容。雨勤水草好，口勤学问高。欲寡精神爽，思多血气衰。欲觉闻晨钟，令人发深省。欲穷千里目，更上一层楼。欲求生富贵，须下死工夫。欲知三叉路，须问去来人。

遇险即欲避，安得皆通达。誉见即毁随，善见即恶从。冤死莫告状，穷死莫借账。渊深而鱼聚，山深而兽往。原清则流清，原浊则流浊。源浚者流长，根深者叶茂。源清则流清，心正则事正。愿保金石志，勿令有夺移。愿将黄鹤翅，一借飞云空。

运去金成铁，时来铁似金。运体以却病，体活则病离。在富莫骄奢，骄奢多自亡。在家敬父母，何用远烧香。再三防夜醉，第一戒晨嗔。再三须慎意，第一莫欺心。早虑则不困，早豫则不穷。早荣亦早枯，易得还易失。造谤者甚忙，受谤者甚闲。择才不求备，任物不过涯。择友以求益，改过以全身。择子莫如父，择臣莫如君。

责己则攻短，论人则取长。责己重以周，待人轻以约。长个不长胆，力大也等闲。丈夫贵功勋，不贵爵禄饶。丈夫志四海，我愿不知老。真人不露相，露相不真人。振叶以寻根，观澜而索源。争名者于朝，争利者于市。正而过则迂，直而过则拙。

知子莫若父，知臣莫若君。知过之谓智，改过之谓勇。知而不能行，只是知得浅。知足得安宁，贪心易招祸。知足而不贪，知节而不淫。正心以为本，修身以为基。只要不开口，神仙难下手。只因一着错，满盘都是空。

志道者少友，逐利者多俦。志善者忘恶，谨小者致大。志士惜日短，愁人知夜长。至言逆俗耳，真语必违众。智者不必仁，仁者则必智。智士日千虑，愚夫唯四愁。

治家非一宝，富国非一道。智足以周知，仁足以自爱。终极与始接，困极与亨接。众木尽摇落，始见竹色真。朱门酒肉臭，路有冻死骨。竹死不变节，花落有余香。竹以虚受益，松以静延年。柱弱者屋坏，辅弱者国倾。著述须待老，积勤宜少时。庄稼怕天旱，做事怕蛮干。壮志因愁减，衰容与病俱。捉贼要捉赃，捉奸要捉双。着意寻不见，有时还自来。子系中山狼，得志便猖狂。字人无异术，至论不如清。

自当舟楫路，应济往来人。自高者处危，自大者势孤。自家心里急，他人未知忙。自古皆有死，民无信不立。自古天下事，及时难必成。自恨枝无叶，莫怨太阳偏。自晦莫自明，自重莫自轻。自谦人愈服，自夸人必疑。自损者有余，自益者弥昏。自疑不信人，自信不疑人。自智者无明，自材者无能。自重者生威，自畏者免祸。

走路要好伴，住家要好邻。最怪攒眉客，胸襟不放开。醉后乾坤大，壶中日月长。醉觉乾坤大，闲知日月长。坐吃如山崩，游嬉则业荒。作气须先鼓，争雄必上游。做贼偷葱起，贪污揩油起。

大着肚皮休闷，尽教八字安排；钝斧分金易碎，钢刀劈水难开；快活也曾经过，辛苦也曾受来；柔弱立身之本，刚强惹祸之胎。

饭休不嚼便咽，路休不看便走，话休不想便说，事休不思便做，衣休不慎便脱，财休不审便取，气休不忍便动，友休不择便交。多静坐以收心，寡酒色以清心，去嗜欲以养心，玩古训以警心，悟至理以明心。难消之味休食，难得之物休蓄，难酬之恩休受，难久之友休交，

难再之时休失，难守之财休积，难雪之谤休辩，难释之忿休较。

勤俭治家之本，忠孝齐家之本，谨慎保家之本，诗书起家

之本，积善传家之本。轻当矫之以重，浮当矫之以实，褊当矫之以宽，执当矫之以圆，傲当矫之以谦。

肆当矫之以谨，奢当矫之以俭，忍当矫之以慈，贪当矫之以廉，私当矫之以公。赏花须结豪友，观妓须结澹友，登山须结逸友，泛水须结旷友，对月须结冷友，待雪须结艳友，饮酒须结韵友。闻暖语如挟纩，闻冷语如饮冰，闻重语如负山，闻危语如压卵，闻温语如佩玉，闻益语如赠金。

政未熟于凝一，急求治者必乱；化未熟于陶染，急变俗者必骇；虑未熟于事几，急图功者必沮；德未熟于安行，急知名者必辱。拙字可以寡过，缓字可以免悔，退字可以远祸，苟字可以养气，静字可以益寿。

只管你家门户，休说别个女妻，第一伤天害理，好讲闺门是非。轻财足以聚人，律己足以服人，量宽足以得人，身先足以率人。终日不见己过，便绝圣贤之路；终日常谈人过，便伤天地之和。子弟先要醇谨，醇谨自然端正，少小便逞聪明，聪明不如愚钝。自家痛痒偏知，别个辛酸那觉；体人须要体悉，责人慎勿责苛。纵容子孙偷安，其后必败门庭；专教子孙谋利，其后必伤骨肉。

祖父官大门高，儿孙意气自豪，多少潭潭第宅，转眼化作蓬蒿。忧则天地皆窄，怨则到处为仇，哀则自己束缚，怒则大敌当头。善用力者就力，善用势者就势，善用智者就智，善用财者就财。蠢人未必有心，其初顺口撒谎，久之遂成惯病，无事不虚不罔。幽情化而石立，怨风结而冢青；千古空闺之感，顿令薄幸惊魂。心以不用而废，偏用则识亦蔽；事以好谋而成，阴谋则孽必深。衅由仓猝而开，即时力制其忿，忿由积渐而成，平时预弭其衅。不患位之不尊，而患德之不崇；不耻禄之不伙，而耻智之不博。

行兵要有纪律，读书要有课程，处事要有刀尺，立身要有准绳。无正经人交接，其人必是奸邪；无穷亲友往来，其家必然势利。何须终年讲学，善恶个个分明，稳坐高谈万里，不如磋踔一程。热闹荣华之境，一过辄生凄凉；清真冷淡之为，历久愈有意味。事未至而预图，则处之常有余；事既至而后计，则应之常不足。君子名利两得，小人名利两失，试看往古来今，唯有好人便益。毋受小人私恩，受则恩不可酬；毋犯士夫公怒，犯则怒不可救。闻恶不可遽怒，恐为谗人泄愤；闻善不可就亲，恐引奸人进身。险阻伏于平地，饥馑伏于丰岁，丰勿狃以为常，平勿狎以为易。小人休与结怨，亦莫与之作缘，声名怕为所损，还防事故牵连。

心里十分关切，说人不可太甚；心里十分透彻，说事不可太尽。毋毁众人之名，以成一己之善；毋没天下之理，以护一己之过。万古此生难再，百年转眼光阴，纵不同流天地，也休涴了乾坤。往日真知可惜，来日依旧因循，若肯当年一苦，无边受用从今。为恶而畏人知，恶中尤有善路；为善而急人知，善处即是恶根。休与小人仇仇，小人自有对头；休向君子谄媚，君子原无私惠。

　　未来难以预定，算够到头不够，每事常余二分，那有悔的时候？天公不要房住，神道不少衣穿，强似将佛塑画，不如济些贫难。休怨我不如人，不如我者常众；休夸我能胜人，胜如我者更多。修身者智之府，爱施者仁之端，取予者义之符，耻辱者勇之决。修寺将佛打点，烧钱买通神明，灾来鬼也难躲，为恶天自不容。学者三般要紧，一要降服私欲，二要调顺气质，三要跳脱习俗。晏子身短五尺，使楚拜齐名相；诸葛力无缚鸡，出作蜀汉军师。眼里无点灰尘，方可读书千卷；胸中没些渣滓，才能处世一番。

　　一任无理取闹，只如不闻其声；一任有心搬弄，只如不识

其人。一生委委靡靡，只是拖泥带水；一旦真真切切，便可斩钉截铁。一体分为五指，指头或短或长，长短无非手足，弟兄切莫参商。以货财害子孙，不必操戈入室；以学术杀后世，有如按地伏兵。以忠沽名者奸，以信沽名者诈，以廉沽名者贪，以洁沽名者污。

欲去病则正本，本固则病可攻；欲齐家则正身，身端则家可理。沾泥带水之累，病根在一恋字；随方逐圆之妙，便宜在一耐字。责人丝发皆非，辨己分毫都是，盗跖千古之凶，盗跖何曾觉自？少年志肆心狂，长者言之偏恼，你到长者之时，一生悔恨不了。少言语以当贵，多著述以当富，载清名以当车，咀英华以当肉。

事到放得心下，还慎一慎何妨？言于来向口边，再思一步更好。说得一句好言，此怀庶几才好；揽了一分闲事，此身永不得闲。守恬淡以养道，处卑下以养德，去怒以养性，薄滋味以养气。觑破兴衰究竟，人我得失冰消；阅尽寂寞繁华，豪杰心肠灰冷。气收自觉怒平，神敛自觉言简，容人自觉味和，守静自觉天宁。谦卑何曾致祸，忍默没个招灾，厚积深藏远器，轻发小逞凡才。钱多正好行善，只要积而能散，积善也如积钱，一文凑到一串。

人侮不要埋怨，人羞不要数说，人极不要跟寻，人愁不要喜悦。人无礼则不生，事无礼则不成，家无礼则不兴，国无礼则不宁。人亦何所不有，糊涂必至荒唐；事亦何所不有，横逆概属寻常。世上人事无穷，越干越见不了；我辈光阴有限，越闲越见清高。世上第一伶俐，莫如忍让为高，进履结袜胯下，古今真正人豪。世重有贝之才，财非无用之物，愚人以之贾祸，智者以之造福。

马有千里之程，无骑不能自往；人有冲天之志，非运不能腾达。门外之仇易释，家庭之恨难消，隐忍终须决裂，由来不是一朝。莫防外面刀枪，只怕随身兵刃，七尺盖世男儿，自杀只消三寸。懵懂人唤得醒，难醒的聪明人，人到自是自满，神仙点化不成。谋人事如己事，而后虑这也审；谋己事如人事，而后见之也明。男女之易合者，必非全节之人；朋友之易合者，必非久要之士。能伸先要能屈，能飞还要能伏，能方妙在能圆，能直妙在能曲。贫时怅望糟糠，富日娇嫌甘脂，天心难可人心，那个知足饿死。平民种德施惠，是无位之公卿；仕夫贪者好货，乃有爵之乞丐。

好丑不可太明，议论不可务尽，情势不可殚竭，好恶不可骤施。火正灼时都来，火一灭时都去，炎凉自是通情，我不关心去住。急时易至慌张，定心且再思量；疏处难得周详，用心且自提防。见人有得意事，便当生欢喜心；见人有失意事，便当生怜悯心。俭用亦能够用，要足何时是足？可怜惹祸伤身，都是经营长物。戒眼莫视他非，戒口莫谈他短，戒心莫恣贪嗔，戒身莫随恶伴。近处不能感动，未有能及远者；小处不能调理，未有能治大者。经济出自学问，经济方有本源；心性见之事功，

中华圣贤经

心性方为圆满。

苦甜不咽不觉，是非出口难收，可怜八尺身命，死生一任舌头。快意从来没好，拂心不是命穷，安乐人人破败，忧勤个个亨通。带雨有时种竹，关门无事锄花；拈笔闲删旧句，汲泉几试新茶。怠惰时看工夫，脱略时看点检，喜怒时看涵养，患难时看力量。宠利毋居人前，德业毋落人后；受享毋逾分外，修为毋减分中。德行立身之本，才识处世所先，孟浪痴呆自是，空生人代百年。东家不信阴阳，西家专敬风水，祸福彼此一般，费了钱财不悔。多记先正格言，胸中方有主宰；闲看他人行事，眼前即是规箴。儿好何须父业，儿若不肖空积，不知教子一经，只要黄金满室。风流得意之事，一过辄生悲凉；清真寂寞之乡，愈久愈增意味。

富以能施为德，贫以无求为德，贵以下人为德，贱以忘势为德。改节莫云旧善，自新休问昔狂，贞妇白头失守，不如老妓从良。恭而无礼则劳，慎而无礼则葸，勇而无礼则乱，直而无礼则绞。大凡做一件事，就要当一件事，若还苟且粗疏，定不成一件事。大羹必为淡味，至宝必有瑕秽，大简必有不好，良工必有不巧。大将不会行兵，空有十万犀甲；饱学不能运笔，徒烦两脚书厨。

得民之劳者昌，得民之忧者康，得民之死者强。寡思虑以养神，剪欲色以养精，靖言语以养气。耳不闻人之非，目不视人之短，口不言人之过。不责人所不及，不强人所不能，不苦人所不好。聪明者戒太察，刚强者戒太暴，温良者戒无断。毋矜清而傲浊，毋慎大而忽小，毋勤始而怠终。

命之修短有数，人之富贵在天。明镜所以照形，古事所以知今。明人不做暗事，真人不说假话。明莫大于自见，聪莫大于自闻。明是非者检人，思忧患者检身。明者以少为多，昏者惜零弃顿。明者因时而变，知者随世而制。

爱人者必见爱，恶人者必见恶。安民可与行义，危民易与为非。安莫安于忍辱，乐莫乐于好善。安上在于悦下，为己存乎利人。安危不贰其志，险易不革其心。案上不可多书，心中不可少书。百年成之不足，一旦败之有余。白首贪得不了，一身能用多少？

白玉不自知洁，幽兰不自知香。百闻不如一见，百见不如一干。办事全在用人，用人全在破格。宝货用之有尽，忠孝享之无穷。葆真莫如少思，寡过莫如省事。保身底是德义，害身底是才能。宝剑卖与烈士，红粉赠与佳人。悲莫悲于精散，病莫病于无常。闭门即是深山，读书随处净土。辩巧之文可悦，似象之言足惑。表曲者景必邪，源清者流必洁。病困乃重良医，世乱而贵忠贞。

不患出言之难，而患践言之难。不汲汲于富贵，不戚戚于贫贱。不困在于早虑，不穷在于早豫。不虑前事之失，复循覆车之轨。不面誉以求亲，不愉悦以苟合。不求富贵闻达，但求心境安然。不曲道以媚时，不诡行以邀名。不忍一时有祸，三思百岁无妨。不容冒者才子，不可居者名士。不审不聪则缪，不察不明则过。不与人争得失，惟求己有知能。不以求备取人，不以己长格物。不自满者受益，不知足者博闻。不自满者受益，不自是者广闻。不自是而露才，不轻试以幸功。不自重者取辱，不自畏者招祸。

草遮不住鹰眼，水遮不住鱼眼。察己可以知人，察古可以知今。才多累了己身，地多好了别人。才士不妨泛驾，诤臣岂合模棱。长莫长于博谋，短莫知于自恃。长者不为有余，短者不为不足。常人安于故俗，学者溺于所闻。趁心休要欢喜，灾殃就在这里。成德每在困穷，败身多因得志。吃食少添盐醋，不是去处休去。吃遍天下盐好，走遍天下娘好。迟干不如早干，蛮干不如巧干。除害在于敢断，得众在于下人。

处世不必邀功，与人不求感德。处世怕有进气，为人怕有退气。处事须留余地，责善切戒尽言。川学海而至海，莠非苗而似苗。传闻不如亲见，视景不如察形。船大不怕浪高，志大不怕艰险。创业就创干净，休替子孙留病。创业不可不勤，居家不可不俭。聪者听于无声，明者见于无形。聪明勿使外散，耕读何妨兼营。

达人撒手悬崖，俗子沉身苦海。村夫不识一丁，愚者岂无一得。大小替他原谅，那便指摘交加。大行不顾细谨，大礼不辞小让。大著肚皮容物，立定脚跟做人。大志非才不就，大才非学不成。当迟就要宁耐，当速就要慷慨。当饮清淡之茶，勿

贪花色之酒。刀不磨要生锈，人不学要落后。动莫神于不意，谋莫善于不识。读书即是享福，教子便是创家。读书即未成名，究竟人高品雅。读书可以医俗，作诗可以遣怀。黩武之众易动，惊弓之鸟难安。多门之室生风，多口之人生祸。

恩怕先益后损，威怕先松后紧。恶莫大于无耻，过莫大于多言。恶言不出于口，忿言不反于身。

帆海者不知山，驾陆者不知水。法令行则国治，法令弛则国乱。凡事当留余地，得意不宜再往。凡人不可貌相，海水不可斗量。非理之财莫取，非理之事莫为。非莫非于饰非，过莫过于文过。非学无以广才，非志无以成学。伏久者飞必高，开先者谢独早。福禄岂能强求，富贵谁人不欲。福莫大于无祸，祸莫大于邀福。福莫福于少事，祸莫祸于多心。富贵易生祸端，衣禄原有定数。富贵不可尽用，贫贱不可自欺。

肝肠煦若春风，气骨清如秋水。刚强不胜柔弱，偏执不及圆融。刚欲杀身不顾，柔欲杀身不悟。羹污能容入相，受辱胯下封侯。功难成而易败，机难得而易失。共敌不如分敌，敌阳不如敌阴。光阴黄金难买，一世如驹过隙。贵珠出乎贱蚌，美玉出乎丑璞。贵上极则反贱，贱下极则反贵。过载者沉其舟，欲胜者杀其身。

寒暑渐于春秋，兴替起于得失。豪夺不如智取，己争不如借力。好茶不怕细品，好事不怕细论。好话勿在多讲，有理勿在声高。好男不要祖业，好女不要嫁衣。浩然苦吟落眉，裴祐深思穿袖。

厚积不如薄取，滥求不如减用。虎尾不附狸身，象牙不出鼠口。患难心居安乐，贫贱心居富贵。会说难抵两口，会做难抵两手。饥不从猛虎食，暮不从野雀栖。祸兮福之所倚，福兮祸之所伏。祸在于好小利，害在于亲小人。

积财可以备患，患亦生于多财。吉莫吉于知足，苦莫苦于多愿。急佩韦缓佩弦，水从舟陆从车。既用不任者疏，既迎而拒者乖。家丑不可外传，流言切莫轻信。家富则疏族聚，家贫则兄弟离。家怕先富后贫，政怕先宽后紧。坚冰作于履霜，寻木起于蘖栽。简傲不可谓高，谄谀不可谓谦。

见事贵乎明理，处世贵乎心公。见嫌而不苟免，见利而不苟得。鉴貌在乎止水，鉴己在乎哲人。骄富贵者戚戚，安贫贱者休休。骄奢生于富贵，祸乱生于疏忽。脚要处处踏稳，心要时时提醒。结交有道之人，断绝无义之友。劲松彰以寒岁，贞臣见于国危。精神不运则愚，气血不运则病。敬为入德之门，傲为聚恶之府。静坐常思己过，闲谈莫论人非。

久利之事勿为，众争之地勿往。酒贱常愁客少，月明多被云妨。酒是烧身硝焰，色为割肉钢刀。酒饮半酣正好，花开半吐偏妍。居不必无恶邻，会不必无损友。居高位者易骄，处佚乐者易侈。居官先厚民风，处事先求大体。居身务期质朴，教子要有义方。居住齐则色姝，食饮齐则气珍。决千金之货者，不争铢两之价。爵以功为先后，官以能为次序。

君子常行胜言，小人常言胜行。君子和而不同，小人同而不和。君子当权积福，小人仗势欺人。君子劝人息争，小人激人起事。君子泰而不骄，小人骄而不泰。君子扬人之善，小人扬人之恶。君子之心常泰，小人之心常劳。君子庄敬日强，小人安肆日偷。

兰芳不厌幽谷，君子不为名修。劳其形者长年，安其乐者短命。老牛肉有嚼头，老人言有听头。乐太盛则阳溢，哀太甚则阴损。乐易者常寿长，忧险者常夭折。礼义生于富足，盗贼出于贫穷。礼之至者无文，哀之深者无节。

力田不如逢年，善仕不如遇合。利不可以虚受，名不可以苟得。廉者常乐无求，贪者常忧不足。两刃相迎俱伤，两强相敌俱败。量有余则不隘，力有余则不乏。料无事必有事，恐有事必无事。临义莫计利害，论人莫计成败。凌下取胜者侵，名不胜实者耗。令与心乖者废，后令缪前者毁。律身惟廉为宜，处世以退为尚。戮辱所任者危，慢其所敬者凶。禄过其功者削，名过其实者损。论学则观其身，论政则考其时。律己宜带秋气，处世须带春风。

马奔乃见良御，舟覆乃见善游。马有垂缰之义，狗有湿草之恩。满而不损则溢，盈而不持则倾。怕人知道休做，要人敬重勤学。貌合心离者孤，亲谗远忠者亡。梦里不能张主；泉下安得分明。莫贪意外之财，莫饮过量之酒。牧人以德者集，绳人以刑者散。

内睦则家道昌，外睦则人事济。能者劳而府怨，拙者逸而全真。能脱俗便是奇，不合污便是清。宁吃鲜桃一口，不吃烂杏一筐。宁给饥人一口，不送富人一斗。宁可后来相让，不可起初含糊。宁可三天不吃，不可一日不睡。宁可正而不足，不可邪而有余。宁为薄幸狂夫，不作厚颜君子。宁忍胯下之辱，不失丈夫之志。宁为兰摧玉折，不作萧敷艾荣。宁向好人相骂，休对恶人说话。宁要先难后易，毋使先易后难。宁作书中之蠹，莫作人中之蛆。

巧冶不能铸木，巧工不能斫金。妻好不在姿色，儿好不在嘴舌。欺世瞒人都易，惟有此心难昧。岂能尽如人意，但求不愧我心。千学不如一看，千看不如一练。弃玉抱石者盲，羊质虎皮者柔。谦卦六爻皆吉，恕字终身可行。前留三步好走，后留三步好行。轻诺者信必寡，面誉者背必非。勤俭富贵之本，懒惰贫贱之苗。勤为无价之宝，慎是护身之符。

琴以不鼓为妙，棋以不着为高。屈己者能处众，好胜者必遇敌。轻言轻动之人，不可以与深计。清者莅职之本，俭者持身之道。穷交所以能长；利交所以必忤。求个良心管我，留些余地处人。穷则独善其身，达则兼济天下。趋名者醉于朝，趋利者醉于野。

让利精于取利，逃名巧于邀名。饶人不是痴汉，痴汉不会饶人。人道谁无烦恼，风来浪也白头。人含百家之言，海怀百川之流。人不率则不从，身不先则不信。人生孰不爱财，匹夫不可怀璧。人无酬天之力，天有养人之心。人无横财不富，马无夜草不肥。人有逆天之时，天无绝人之路。人有悲欢离合，月有阴晴圆缺。人之所助在信，信之所本在诚。

日习则学不忘，自勉则身不坠。辱莫辱于求荣，小莫小于好大。忍一步少闯祸，让三分平安过。忍得一时之气，免得百日之忧。仁莫大于爱人，知莫大于知人。若升高必自下，若陟遐必自迩。赏不诚则不劝，刑不诚则不戒。三长难救一短，三勤难补一懒。三军可夺帅也，匹夫不可夺志。三天不做手生，三天不念口生。

赏务速而后劝，罚务速而后惩。上有毫发之意，下有丘山之取。少或不足则重，有余或多则轻。蛇无头而不行，鸟无翅而不飞。身未遇而勿望，事已过而勿思。慎于言者不哗，慎于行者不伐。生而知之者寡,学而知之者众。声无小而不闻,行无阴而不形。胜于己者可师,拙于己者可役。时开方便之门,紧闭是非之口。

世路如今已惯,此心到处悠然。世少百年之人,家有白头之亲。世事一场大梦,人生几度秋凉。事莫待来时忍,欲莫待动时制。事必要其所终,虑必防其所至。事亲须当养志,爱子勿令偷安。事止五分无悔,味只五分偏美。

受人滴水之恩,必当涌泉相报。书痴者文必工,艺痴者技必良。熟思则得其情,缓处则行其当。枢机是以宜慎,锋芒是以宜敛。顺一人之颜情,为兆民之深患。

水太清则无鱼,人太急则无智。水因地而制流,兵因敌而制胜。水银岂可荡漾,沐猴更莫教调。水至清则无鱼,人至察则无徒。

思难而难不至,忘患而患反生。算计二着现在,才得头着不败。虽以冷淡成愁,不以寂寞生悔。随缘便是遣缘,顺事自然无事。贪功者败于功,穷利者死于利。谈空反被空迷,耽静多为静缚。

天理路上甚宽,

人欲路上甚窄。天时不如地利，地利不如人和。天时不作弗为，人事不作弗为。天有不测风云，人有旦夕祸福。

为官择人者治，为人择官者乱。为己重者不仁，好广积者不义。为善者不云利，逐利者不见善。为善不如舍恶，救过不如省非。唯厚可以载物，唯宽可以容人。畏其祸则福生，忽其福则祸至。委明珠而乐贱，辞白璧以安贫。

惟淡可以从俭，惟俭可以养廉。惟俭可以惜福，惟俭可以养廉。惟俭可以助廉，惟恕可以成德。惟宽可以容人，惟厚可以载物。惟有才行是任，岂以新旧为差。闻名不如见面，见面胜似闻名。闻荣誉而不欢，遭忧难而不变。

无稽之言勿听，弗询之谋勿庸。无传不经之谈，无听毁誉之语。无因喜以谬赏，无以怒而滥刑。无欲者其言清，无累者其言达。无为其所不为，无欲其所不欲。勿苟安于近小，勿欣戚于穷通。务要见景生情，切莫守株待兔。务名者害其身，多财者祸其后。物不极则不返，恶不极则不亡。物顺来而勿拒，物既放而不追。毋贱彼以贵我，毋重物以情轻。

习忙可以销福；得谤可以销名。喜是非者检人，畏忧患者检身。细人以耳为目，浅人有口无心。先唱者穷之路，后动者达之原。先谋后事者逸，先事后谋者失。先忧事者后乐，先傲事者后忧。闲居可以养志，诗书足以自娱。

显誉成于僚友，德行立于己志。线流冲倒泰山，休为恶事开端。相形不如论心，论心不如择术。详交者不失人，泛结者多后悔。小心天下去得，大胆寸步难行。小心为人之本，刚强惹祸之根。孝居百行之先，淫是万恶之首。孝于亲则子孝，钦于人则众钦。心慈者寿必长，心刻者寿必促。刑过不避大臣，赏善不遗匹夫。

行赏吝色者沮，多许少与者怨。行事不可任心，说话不可任口。形不劳则怠惰，身不忧则荒淫。新沐者必弹冠，新浴者必振衣。修其身而后交，善其谋而后动。休说前人长短，自家背后有眼。须知孺子可教，勿谓童子何知。休与众人结仇，休作公论对头。学博而后可约，事历而后知要。学而不思则罔，思而不学则殆。学好千日不足，学坏一日有余。

鸦窝里出凤凰，粪堆上产灵芝。言不得过其实，实不得过其名。一年不务农桑，一年忍饥受冻。言多变则不信，令频改则难从。言前定则不跲，事前定则不困。羊有跪乳之恩，鸦有反哺之义。养心莫善寡欲，用意不如平心。要吃亏的是乖，占便宜的是呆。要之体认得力，自然下手有方药补不如食补，身闲不如心闲。

衣必洗而垢去，物必改而更新。衣不举领者倒，走不视地者颠。一己之见有限，众人之智无穷。一时劝人以言，百世劝人以书。医俗病莫如书，赠酒狂莫如月。宜未雨而绸缪，毋临渴而掘井。以过弃功者损，群下外异者沦。遗货财于子孙，不若周人之急。遗子黄金满箧，不如教子一经。

以德遗后者昌，以祸遗后者亡。以明示下者暗，有过不知者蔽。以谦接物者强，以善自卫者良。意将炫己之长，必且为人所短。因循惰慢之人，偏会引说天命。勇不可以御暴，辩不可以释谤。用人必考其终，授任必求其当。用之于其所适，施之于其所宜。忧劳可以兴国，逸豫可以亡身。尤人不如自尤，求人不如自求。

有话说在当面，有事摆在眼前。有先贫而后富，有老壮而少衰。有心大海捞针，无心小事难成。有志不在年高，无志空活百岁。鱼离水则身枯，心离书则神索。欲常服者不争，欲常乐者自足。欲齐家则正身，身端则家可理。御病不如却病，完事不如省事。御车者知地险，操舟者观水势。冤宜解不宜结，忿宜蠲不宜泄。

张良原是布衣，萧何曾为县吏。怨在不舍小过，患在不豫定谋。远水难救近火，远亲不如近邻。知不足者好学，耻下问者自满。只可远望千里，不可近看眼前。只许州官放火，不许百姓点灯。至博而约于精，深思而敏于行。至乐无如读书，至要莫如教子。治世不必一道，便国不必法古。治疾及其未笃，除患贵其未深。智莫难于知人，痛莫苦于去私。智者顺时而谋，愚者逆理而动。

舟循川则游速，人顺路则不迷。逐利而行多怨，割爱适众身安。酌贪泉而觉爽，处涸辙以犹欢。自奉必须俭约，宴客切勿流连。恣意发狂有失，存心忍耐无忧。足恭者必中薄，面谀者必背非。作福不如避罪，避祸不如省非。作事须循天理，出言要顺人心。作伪心劳日拙，作德心逸日休。做人不可势力，习业不可粗浮。

巧厌多劳拙厌闲，善嫌懦弱恶嫌顽，富遭嫉妒贫遭辱，勤曰贪婪俭曰悭。触目不分皆笑蠢，见机而作又言奸，思量那件当教做，为人难做做人难。大事难事看担当，逆境顺境看襟度；临喜临怒看涵养，群行群止看识见。白马红缨彩色新，不是亲家强来亲，一朝马死黄金尽，亲者如同陌路人。

博弈之交不终日，饮食之交不终月，势利之交不终年，道义之交可终身。岂无远道思亲泪，不及高堂念子心，堂上二老是活佛，何用灵山朝世尊。莫嫌地窄园亭小，莫厌家贫活计微，大有高门空锁宅，主人到老不曾归。可与人言无二三，鱼自知水寒水暖；不得意事常八九，春不管花落花开。只字必惜贵之根，粒米必珍富之源；片言必谨福之基，微命必护寿之本。人皆养子望聪明，我被聪明误一生；唯愿孩儿愚且鲁，无灾无难到公卿。十分伶俐使七分，常留三分与儿孙，如若十分都使尽，远在儿孙近在身。地薄者大物不产，水浅者大鱼不游，树秃者大禽不栖，林疏者大兽不居。

石崇豪富范丹穷，运早甘罗晚太公，彭祖寿高颜命短，六人都在五行中。祸莫大于不仇人，而有仇人之辞色；耻莫大于不恩人，而诈恩人之状态。刑罚当宽处即宽，黎庶皆上天儿女；财用可省时便省，丝毫皆下民脂膏。

花前人是去年身，今年人比去年老，今日花开又一枝，明日来看知是谁？休得争强来斗胜，百年浑是戏文场，顷刻一声锣鼓歇，不知何处是家乡。一寸光阴一寸金，寸金难买寸光阴，寸金使尽金还在，过去光阴哪里寻？一年之计在于春，一日之计在于寅。一家之计在于和，一生之计在于勤。一派青山景色幽，前人田地后人收，后人收得休欢喜，还有收人在后头。

宁用不材以败事，不肯劳心而择材；宁用不材以旷职，不肯变例以求人。降魔者先降自心，心伏则群魔退听；驭横者先驭此气，气平则外横不侵。云烟影里见真身，始悟形骸为桎梏；禽鸟声中闻自性，方知情识是戈矛。拂意处要遣得过，清苦日要守得过，忿怒时要耐得过，嗜欲生要忍得过。君子口里没乱道，不是人伦是世教；君子脚跟没乱行，不是规矩是准绳。节物相催各自新，痴心儿女挽留春，芳菲歇去何须恨，夏木阴阴正可人。

贵人之前莫言贱，彼将谓我求其荐；富人之前莫言贫，彼将谓我求其怜。横看成岭侧成

峰，远近高低各不同。不识庐山真面目，只缘身在此山中。爹娘面前能尽孝，一孝就是好儿男；翁婆身上能尽孝，又落孝来又落贤。春有百花秋有月，夏有凉风冬有雪，若无闲事挂心头，便是人间好时节。粗茶淡饭饱即休，补破遮寒暖即休，三平二满过即休，不贪不妒老即休。

只人情世故熟了，甚么大事做不到？只天理人心合了，甚么好事做不成？小善不足以蔽身，勿以小善而自怠；小恶不足以灭身，勿以小恶而自暇。热闹中着一冷眼，便省许多苦心思；冷落处存一热心，便得许多真趣味。

葱汤麦饭两相宜，葱暖丹甲麦疗饥，莫谓此中滋味薄，前村犹有未炊时。读经传则根底厚，看史鉴则议论伟；观云物则眼界宽，去嗜欲则胸怀净。不可乘喜而轻诺，不可因醉而生嗔，不可乘快而多事，不可因倦而鲜终。传家二字耕与读，防家二字盗与奸，倾家二字淫与赌，守家二字勤与俭。才而无德谓之奸，勇而无谓之暴，辩而无德谓之诞，智而无德谓之谲。

非识无以断其义，非才无以善其文，非学无以练其事。两悔无不释之怨，两求无不合之交，两怒无不成之祸。

矮人看戏何曾见，都是随人说短长。矮纸斜行闲作草，晴窗细乳戏分茶。爱儿不得爱儿怜，聪明反被聪明误。爱好由来落笔难，一诗千改始心安。爱人深者求贤急，乐得贤者养人厚。爱稳当时难稳当，不风流处自风流。爱惜芳心莫轻吐，且教桃李闹春风。

安分守贫得清闲，持盈保泰须忍让。安贫守分随缘过，便是逍遥自在仙。安者非一日而安，危者非一日而危。暗中时滴思亲泪，只恐思儿泪更多。昂昂独负青云志，下看金玉不如泥。小人记仇不记恩，君子记恩不记仇。

非淡泊无以明志，非宁静无以致远。非平淡无以养性，非贞静无以定命。曲意周全知有后；任情激搏必凶亡。记事者必提其要，纂言者必钩其玄。闭门觅句非诗法，只是征行自有诗。八月十五云遮月，来年元宵雪打灯。罚滥则无以为罚，惠偏则不如无惠。

白璧易埋千古恨，黄金难买一身闲。白酒酿成缘好客，黄金散尽为收书。百毒惟有恩毒苦，万味无如淡味长。百炼化身成铁汉，三缄其口学金人。百尺竿头须进步，十方世界是全身。百年光景须臾事，日日追欢也是迟。百年那得更百年，今日还须爱今日。百折不回之真心，万变不穷之妙用。百千万事应难了，五六十年容易来。悲欢离合朝朝闹，寿夭穷通日日忙。悲莫悲兮生别离，乐莫乐兮新相知。

办酒容易请客难，请客容易款客难。半轮新月数竿竹，千卷藏书一盏茶。保养三般精气神，少言少欲少劳心。宝剑锋从磨砺出，梅花香自苦寒来。饱三餐饭常知足，得一帆风便可收。北邙荒冢无贫富，玉垒浮云变古今。本不正者末必倚，始不盛者终必衰。别个短长作己事，自家痛痒问他人。病莫大于不闻过，辱莫大于不知耻。薄施厚望者不报，贵而忘贱者不久。博厚为悠久之道，宽大为受福之基。

不可乘喜而多言，不可乘快而易事。不薄今人爱古人，清词丽句必为邻。不干己事不张口，一问摇头三不知。不和不可以接物，不容不可以驭下。

不求金玉重重贵，但愿儿孙个个贤。不恨自家麻绳短，只怨他家古井深。不厚费者不多营，不妄用者不过取。不见棺材不落泪，不到黄河不死心。不结子花休要种，无义之人不可交。不经一番寒彻骨，怎得梅花扑鼻香。不怕人家看不起，只怕自家勿争气。不怕官来只怕管，矮檐之下出头难。不怕虎生三只口，只怕人怀两样心。

不廉则无所不取，不耻而无所不为。不要人夸好颜色，只留清气满乾坤。不须浪饮丁都护，世上英雄本无主。不畏浮云遮望眼，自缘身在最高层。不为苟得以偷安，不为苟免而无耻。不挑担子不知重，不走长路不知远。不信但看筵中酒，杯杯先劝有钱人。不以爱之而苟善，不以恶之而苟非。不以一眚掩大德，不以小故妨大美。不取于人谓之富，不辱于人谓之贵。不是一番寒彻骨，争得梅花扑鼻香。

不如意事常八九，可与人言无二三。不善使船嫌港曲，不善写字嫌笔秃。不思万丈深潭计，怎得骊龙颔下珠。不作风波于世上，自无冰炭到胸中。不作无益害有益，不贵异物贱用物。不知其子视其父，不知其人视其友。不尤人则德益弘，能克己则学益进。

谗言败坏真君子，美色消磨狂少年。宾客不来门户俗，诗书不教子孙愚。冰炭不同器而久，寒暑不兼时而至。病后始知身是苦，健时多为别人忙。谄曲贪嗔堕地狱，公平正直即天堂。惨惨柴门风雪夜，此时有子不如无。仓廪实则知礼节，衣食足则知荣辱。仓廪虚兮岁月乏，子孙愚兮礼义疏。苍龙日暮还行雨，老树春深更著花。操千曲而后晓声，观千剑而后识器。草色人情相与闲，是非名利有无间。策马前途须努力，莫学龙钟虚叹息。曾经沧海难为水，除却巫山不是云。

长风破浪会有时，直挂云帆济沧海。长恨人心不如水，等闲平地起波澜。长江一去无回浪，人老何曾再少年。尝将冷眼观螃蟹，看你横行得几时？常把戏言多取笑，每怀乐意不生嗔。常将半夜萦千岁，只恐一朝便百年。常将酒钥开眉锁，莫把心机织鬓丝。常将有日思无日，莫把无时当有时。

才逢乐处须知苦，既没闲时那有忙。才微易向风尘老，身贱难酬知己恩。采得百花成蜜后，为谁辛苦为谁甜？采玉者破石拔玉，选士者弃恶取善。常有小病则慎疾，常亲小劳则身健。车到山前必有路，船到桥头自然直。沉舟侧畔千帆过，病树前头万木春。成败极知无定势，是非元自要徐观。成功之难如升天，覆坠之易如燎毛。成名每在穷苦日，败事多因得志时。

诚信是立身之本，宽恕是接物之要。吃些亏处原无碍，退让三分也无妨。吃一分亏无量福，失便宜处是便宜。痴人走死声利场，我独感此惜流光。池塘积水须防旱，田地勤耕足养家。

持身贵严不可矜，处世贵谦不可谄。持索捕风几时得，将刀斫水几时断。

宠位不足以尊我，卑贱不足以卑己。出入扶持须谨慎，朝夕伺候莫厌烦。锄一害而众苗成，刑一恶而万民悦。处贵而骄败之端，处富而奢衰之始。处贵则戒之以奢，持满则守之以约。处逸乐而欲不放，居贫苦而志不倦。处有事当如无事，处大事当如小事。畜牲易度人难度，宁度畜牲不度人。处事要代人作想，读书须切己用功。

春蚕到死丝方尽，蜡炬成灰泪始干。春风满面皆朋友，欲觅知音难上难。春风秋月不相待，倏忽朱颜变白头。春花不红不如草，少年不美不如老。穿几多来吃几多，何须苦苦受奔波。船到江心牢把舵，箭按弦上慢开弓。春宵一刻千金价，我道千金买不回。春日才看杨柳绿，秋风又见菊花黄。

从今莫着惺惺眼，沉醉何妨枕曲糟。从来好事天生俭，自古瓜儿苦后甜。从来强弱不限域，任人岂论小与大。从来硬弩弦先断，每见钢刀刃易伤。聪明过露者德薄，才华太盛者福浅。聪明少把聪明使，来日阴晴未可知。聪明才辨不足羡，老朽穷酸不可厌。粗茶淡饭随缘过，富贵荣华莫强求。粗缯大布裹生涯，腹有诗书气自华。

大道劝人三件事，戒酒除花莫赌钱。大风吹倒梧桐树，自有旁人说短长。大黄医好人无功，人参治死人无过。待富贵人难有体，待贫贱人难有礼。待人留不尽之恩，御事留不尽之智。

丹青不知老将至，崇高于我如浮云。胆欲大而心欲小，智欲圆而行欲方。且喜胸中无一事，一生常在平易中。

但持铁石同坚志，即有金钢不坏身。但得官清吏不横，便是村中歌舞时。但得贞心能不改，纵令移植亦何妨。但教方寸无诸恶，狼虎丛中也立身。但令名节不堕地，身外区区安用求。但能依理求生计，何必欺心作恶人。但有绿杨堪系马，处处有路透长安。但愿苍生俱饱暖，不辞辛苦出山林。淡饭尽堪充一饱，锦衣哪得几千年。

当出力处须出力，得缩头时且缩头。当家才知柴米贵，养儿方报父母恩。当年不肯嫁春风，无端却被秋风误。当路莫栽荆棘树，它年免挂子孙衣。当时若不登高望，谁信东流海洋深。到处随缘延岁月，终身安分度时光。到日仙尘俱寂寂，坐来云我共悠悠。道吾好者是吾贼，道吾歹者是吾师。宜撒手时且撒手，得饶人处且饶人。

得闭口时须闭口，得放手时须放手。得势猫儿凶似虎，落魄凤凰不如鸡。得隙闲眠真可乐，吃些淡饭自忘忧。得一日闲闲一日，遇三杯饮饮三杯。得胜胜中饶一首，因乖乖里放些痴。得失乘除总在天，机关用尽也徒然。得失万事总由天，机关用尽也徒然。

德薄者恶闻美行，政乱者恶闻治言。德益盛者虑益微，功愈高者意愈下。登山则情满于山，观海则意溢于海。等闲变却故人心，却道故人心易变。等闲识得东风面，万紫千红总是春。

地之秽者多生物，水之清者常无鱼。弟子不必不如师，师不必贤于弟子。钓鱼须钓海上鳌，结交须结扶风豪。

东风不与周郎便，铜雀春深锁二乔。东风见赐何多也，况复人间久太平。东风染尽三千顷，白鹭飞来无处停。东家稻熟早芟草，西家豆稀懒打虫。动止未尝防忌讳，语言何必着机关。独在异乡为异客，每逢佳节倍思亲。读书切戒在荒忙，涵泳工夫兴味长。独对青山举一觞，醒来歌舞醉来狂。独善其身尽日安，何须千古名不朽。恩赏明则贤者劝，刑罚当则奸人消。度量如海涵春育，应接如流水行云。短长肥瘦各有态，玉环飞燕谁敢憎。

多读书以养胆气，顺时令以养元气。多情自古空遗恨，好梦由来最易醒。多闻则守之以约，多见则守之以卓。多言不可与远谋，多动不可与久处。而今痴梦才呼醒，急享茅底快乐窝。耳目宽同天地窄；争务短则日月长。耳闻之不如目见，目见之不如足践。

翻手作云覆手雨，纷纷轻薄何须数。凡物各自有根本，种禾终不生豆苗。方知此艺不可有，人间万事凭双手。芳林新叶催陈叶，流水前波让后波。

放荡五湖思范蠡，纵横六国笑张仪。飞蛾扑灯甘就镬，春蚕作茧自缠身。非因报应方行善，岂为功名始读书。废一善则众善衰，赏一恶则众恶归。分外不须多着意，惟将快乐当生涯。纷纷红紫已成尘，布谷声中夏令新。粉身碎骨浑不怕，要留清白在人间。风流不在谈锋胜，袖手无言味最长。逢人不说人间事，便是人间无事人。逢人且说三分话，未可全抛一片心。

奉法者强则国强，奉法者弱则国弱。奉劝人行方便事，得饶人处且饶人。佛心本是凡心转，世味何如道味长。夫妻本是同林鸟，巴到天明各自飞。浮名浮利过于酒，醉得人心死不醒。浮生长恨欢娱少，肯爱千金轻一笑。浮生若梦谁非寄，到处能安便是家。父子和而家不退，兄弟和而家不分。

富贵百年难保守，六道轮回易循环。富贵若从奸狡起，世间呆汉喝西风。富贵因从勤俭起，贫穷只为手头松。富贵定要安本分，贫穷不必枉思量。富贵不淫贫贱乐，男儿到此是豪雄。富贵欲求求不得，纵然求得待如何。富贵者送人以财，仁人者送人以言。富贵者贫贱之基，奢侈者寥落之由。富莫富于常知足，贵莫贵于能脱俗。富时不俭贫时悔，潜时不学用时悔。

干将不可以缝线，巨象不可以捕鼠。钢要加在刀刃上，钱要花在正路上。歌几回时笑几回，人生全要自开怀。各人生死各人了，管人闲事受人磨。各人自扫门前雪，休管他人瓦上霜。根深不怕风摇动，树正何愁月影斜。跟着好人学好人，跟着师婆跳假神。公道达而私门塞，公义明而私事息。公道世间唯白发，贵人头上不曾饶。

功夫自难处做去，学问从苦中得来。功名本是无凭事，不及寒江两日潮。功名富贵若长在，汉水亦应西北流。功名富贵虚幻影，忙忙碌碌走九州。功名与我无干涉，事业随他别处牵。

古来真主百灵扶，风虎云龙自不孤。古来多被虚名误，宁负虚名身莫负。古古今今多变革，贫贫富富有循环。古人学问无遗力，少壮功夫老始成。

故人故情怀故宴，相望相思不相见。故作小红桃杏色，尚余孤瘦雪霜姿。观棋不语真君子，把酒多言是小人。观生如客岂能久，信死有期安可逃。观天地生物气象，学圣贤克己工夫。观众器者为良匠，观众病者为良医。光俭不勤无源水，光勤不俭水断流。光阴如电逝难追，百岁开怀能几回。

国将霸者士皆归，邦将亡者贤先避。广学细琢得知识，细嚼慢咽得滋味。苟利国家生死以，岂因福祸避趋之。狗盗鸡鸣皆有用，鹤长凫短果如何。

害人之心不可有，防人之心不可无。蒿蓬隐着灵芝草，淤泥陷着紫金盆。豪华一去难再得，壮气销沉土一丘。好动者云电风灯，嗜寂者死灰槁木。好马阵前多费力，好汉争强祸必招。

好名者不顾安危，耽欲者不顾生死。好男不吃婚时饭，好女不穿嫁时衣。好饭先尽爹娘用，好衣先尽爹娘穿。好花虽种不常开，少年易老不重来。好事尽从难处得，少年无问易中轻。好事者未尝不中，争利者未尝不穷。好事者自寻烦恼，恃强者自取灭亡。好说己长便是短，自知己短便是长。好铁要经三回炉，好书要经百回读。好义固为人所钦，贪利乃为鬼所笑。

合意友来情不厌，知心人至话投机。何不及早回头看，松柏青青耐岁寒。和睦勤俭家必隆，乖戾骄奢家必败。红尘白浪

中华圣贤经

两茫茫，忍辱柔和是妙方。红尘大厦千年计，白骨荒郊一土丘。红粉佳人休使老，风流浪子莫教贫。侯门一入深似海，从此萧郎是路人。荷尽已无擎雨盖，菊残犹有傲霜枝。赫赫有时还寂寂，闲闲到底胜劳劳。黑发不知勤学早，白首方悔读书迟。狐狸总要露尾巴，毒蛇总要吐舌头。

花红世界多烦愁，惹得少年白了头。花红易衰似郎意，水流无限似侬愁。花开不并百花丛，独立疏篱趣无穷。花开堪折直须折，莫待无花空折枝。花经雨后香微淡，松到秋深色尚苍。花径不曾缘客扫，蓬门今始为君开。花似锦时高阁望，草如茵处小车行。话到舌尖留半句，事从礼上让三分。画虎画皮难画骨，知人知面不知心。画水无风空作浪，绣花虽好不闻香。皇天不负好心人，皇天不负苦心人。黄金不是千年业，红叶能消两鬓霜。黄河尚有澄清日，岂可人无得运时。

毁身每是作恶日，成名皆在行善时。毁誉从来不可听，是非终久自分明。毁誉乱真深可畏，直言不闻深可畏。会使不在家豪富，风流不用着衣多。慧心人专用眼语，浅衷者常以耳食。祸到临头悔既晚，船驶江心补漏迟。祸患常积于忽微，智勇多困于所溺。

记得少年骑竹马，看看又是白头翁。积善三年人不知，作恶一日远近闻。机关算尽太聪明，反误了卿卿性命。几朵鲜花除世虑，三杯美酒醉韶华。几时拓土成王道，自古穷兵是祸胎。骥不骤进而求服，凤不贪馁而妄食。骥虽老去壮心在，鹤纵病来仙骨清。

家富家贫休叹息，自有自无总由天。家人说话耳旁风，外人说话金字经。家有余粮鸡犬饱，户多书籍子孙贤。假金方用真金镀，若是真金不镀金。假做真时真亦假，无为有处有还无。将拒谏则英雄散，策不从则谋士叛。将相顶头堪走马，公侯肚里好撑船。将治乱者不治小，成大功者不小苛。将在谋而不在勇，兵在精而不在多。

交疏自古戒言深，肝胆徒倾致铄金。骄溢之君无忠臣，口慧之人无必信。焦愁恼怒都销散，免致浮躯气早衰。剑不试则利钝暗，弓不试则劲挠诬。见兔顾犬未为晚，亡羊补牢尚未迟。江山代有才人出，各领风骚数百年。

讲讲话话散散心，勿讲勿话生大病。将将就就时时过，苦苦甜甜命一般。洁己方能不失己，爱民所重在亲民。接物见霁月光风，持身则严霜烈日。戒暴怒以养其性，少思虑以养其神。今古惟称知己少，驱山塞海事无难。今日不知明日事，那有工夫理是非。今日空想昨日事，今日之空变昨日。今朝有酒今朝醉，明日愁来明日忧。

矜名不若逃名趣，练事何如省事闲。谨慎应酬无懊恼，耐烦作事好商量。锦上添花自古有，雪中送炭至今无。锦衣玉食风中烛，象简金鱼水上波。尽己而不以尤人，求身而不以责下。尽前行者地步窄，向后看者眼界宽。进步处便思退步，着手时先图放手。

近水不可多用水，近山不可枉烧柴。近水楼台先得月，向阳花木易为春。近寺人家不重僧，远来和尚好看经。径须父子早归田，粗茶淡饭终残年。敬守此心则心定，敛抑其气则气平。敬一贤则众贤悦，诛一恶则众恶惧。九秋风露越窑开，夺得千峰翠色来。九十春光一掷梭，花前酌酒且高歌。九州生气恃风雷，万马齐喑究可哀。酒逢知己千杯少，话不投机半句多。酒肉朋友朝朝有，无钱无势亲不亲。酒虽养性还乱性，水能载舟亦覆舟。酒债寻常行处有，人生七十古来稀。酒中不语真君子，财上分明大丈夫。旧书不厌百回读，熟读深思子自知。居不隐者思不远，身不佚者志不广。

君看金尽失颜色，壮士灰心不丈夫。君能洗尽世间念，何处楼台无月明？君子乐得做君子，小人枉自做小人。君子贫时有礼义，小人乍富便欺人。君子千言有一失，小人千言有一当。君子去取以是非，小人毁誉以好恶。君子有容人之量，小人存忌妒之心。君子之交淡若水，小人之交甘若醴。君子之言寡而

实，小人之言多而虚。君子志于泽天下，小人志于荣其身。堪叹人心毒似蛇，谁知天眼转如车。堪叹眼前亲族友，谁人肯济急时无。砍树不倒斧口小，论人不过文字少。看尽人间兴废事，不曾富贵不曾穷。看破世情天理处，人间何用苦营谋。看人挑担不吃力，自己挑担步步歇。看书须放开眼孔，做人要立定脚跟。看似寻常最奇崛，成如容易却艰辛。

可怜的才人薄命，可怕的文人无行。可憎者人情冷暖，可厌者世态炎凉。渴时一滴如甘露，醉后添杯不如无。克勤克俭粮满仓，大手大脚仓底光。刻薄不可谓严明，阘茸不可谓宽大。快乐原属闲人事，况与偷闲事更殊。块土不能障狂澜，匹夫不能振颓俗。宽性宽怀过几年，人生人死在眼前。狂夫有可择之言，愚者有一得之虑。

劳苦莫教爹娘受，忧愁莫教爹娘耽。老病死生谁替得，酸甜苦辣自承当。老来疾病壮时招，衰后罪孽盛时造。老妻画纸为棋局，稚子敲针作钓钩。老僧不识英雄汉，只管哓哓问姓名。乐莫乐于返故乡，难莫难于全大节。乐能知足乃为富，岂必金玉名高资？乐贫贱者薄富贵，安义命者轻死生。理既得则数难违，常不失则能御变。理念深处尘念少，世情淡处道情浓。力薄不能推一饭，义深常愿散千金。力不足者可以守，力有余者可以攻。力学勿忘家世俭，堆金能使子孙愚。

立秋无雨是空秋，万物历来一半收。立志欲坚不欲锐，成功在久不在速。历览前贤国与家，成由勤俭败由奢。利刀割体痕易合，恶语伤人恨不消。利可共而不可独，谋可寡而不可众。利缰名锁休贪恋，韶华迅速如流箭。了却君王天下事，赢得生前身后名。

良田不由心田置，产业变为冤业折。良言一句三冬暖，恶语伤人六月寒。良药苦口利于病，忠言逆耳利于行。两情若是久长时，又岂在朝朝暮暮。两袖清风朝天去，免得闾阎话短长。量力而行则不竭，量智而谋则不困。林泉幽静多清乐，何必荣封万户侯。炉中有火休添碳，雪里生寒莫助风。龙游浅水遭虾戏，虎落平阳被犬欺。

临事须替别人想，论人先将自己想。临崖立马收缰晚，船到江心补漏迟。流水下滩非有意，白云出岫本无心。六尺眼前安乐身，四时怎忍负良辰。笼鸡有食汤锅近，野鹤无粮天地宽。路逢险处难回避，事到头来不自由。路逢险处须当避，不是才人莫献诗。

乱条犹未变初黄，倚得东风势更狂。略尝辛苦方为福，不作聪明便是才。论旁人斤斤计较，说自己花好稻好。洛阳亲友如相问，一片冰心在玉壶。落红不是无情物，化作春泥更护花。落花有意随流水，流水无心恋落花。落霞与孤鹜齐飞，秋水共长天一色。

茂林之下无丰草，大块之间无美苗。麻雀落田要吃谷，狐狸进屋要偷鸡。马上不知马下苦，饱汉不知饿汉饥。马先驯而后求良，人先信而后求能。马行无力皆因瘦，人不风流只为贫。

马越险则驽骏别，刃试坚则钢铅见。

美酒饮当微醉候，好花看到半开时。美人卖笑千金易，壮士穷途一饭难。瞒人一似篮挑水，骗人一似网张风。门前拴上高头马，不是亲来也是亲。门前放根讨饭棍，亲戚故友不上门。门前有马非为富，家中有人不算穷。梅须逊雪三分白，雪却输梅一段香。妙药难医冤孽病，横财不富命穷人。免辱免刑仁为本，倚财靠势是枝叶。

名为公器无多取，利是身灾合少求。名誉自屈辱中彰，德量自隐忍中大。名重则于实难副，论高则与世常疏。明月清风随意取，青山绿水任遨游。明者见危于无形，智者见祸于未萌。明明白白一条路，千千万万不肯修。明主思短而益善，暗主护短而永愚。命里有时终须有，命里无时莫强求。命中只有八合米，走尽天下难满升。

莫把真心空计较，唯有大德享万年。莫把真心空计较，儿孙自有儿孙福。莫待是非来入耳，从前恩爱反为仇。莫道亏心事可做，恶人自有恶人磨。莫道眼前无可报，分明折在子孙边。莫将闲话当闲话，往往事从闲话生。莫怪世人容易老，青山也有白头时。莫思身外无穷事，且尽生前有限杯。莫为霜台愁岁暮，潜龙须待一声雷。莫向落花长太息，世间何物无终尽。莫行心过不去事，莫存事行不去心。莫向人前说有恩，受者传知怨转生。莫言大道人难得，自是功夫不到头。莫做亏心侥幸事，自然灾患不来侵。莫言马上得天下，自古英雄尽解诗。

男儿不展风云志，空负天生八尺躯。男儿生身自有役，那得误我少年时。男儿有泪不轻弹，只因未到伤心处。能大能小是条龙，只大不小是条虫。能师孟母三迁教，定卜燕山五桂芳。能忍能让真君子，能屈能伸大丈夫。能自得时还自乐，到无心时便无忧。

年年岁岁花相似，岁岁年年人不同。宁可一日没钱使，不可一日坏行止。宁可枝头抱香死，何曾吹落北风中。宁恋家乡一撮土，不恋他国万两金。宁使人讶其不来，勿令人厌其不去。宁为随世之庸愚，勿为欺世之豪杰。

佞色不能悦尧目，忠言不能入桀耳。农定于耕则余粟，商定于货则余财。农家农家乐复乐，不比市朝争夺恶。怒不犯无罪之人，喜不从可戮之士。浓绿万枝红一点，动人春色不须多。诺而寡信宁无诺，予而喜夺宁无予。

盘飧别有江瑶柱，不在寻常食谱中。贫不卖书留子读，老犹栽竹与人看。贫贱之交不可忘，糟糠之妻不下堂。贫居闹市无人问，富在深山有远亲。贫无达士将金赠，病有高人说药方。贫无可奈惟求俭，拙亦何妨只要勤。

平日若无真义气，临时休说死生交。平生不做亏心事，半夜敲门不吃惊。平生不做皱眉事，世上应无切齿人。平生德义人间诵，身后何劳更立碑。平生只会量人短，何不回头把自量。平生衣食随缘过，才得清闲便是仙。平生最爱鱼无舌，游遍江湖少是非。平芜尽处是春山，行人更在春山外。

凭君莫话封侯事，一将功成万骨枯。剖一顽石方知玉，淘尽泥沙始见金。破屋更遭连夜雨，漏船又遭打头风。谱不可尽弈之变，法不可尽战之奇。欺名盗世其过大，瞒心昧己其过深。骑马莫轻平地上，收帆好在顺风时。墙上画饼不能吃，纸上画马不能骑。

巧辩者与道多悖，拙讷者涉世必踈。巧辩纵横而可喜，忠言质朴而多讷。千种情怀千种恨，一分荣辱一分忧。迁善当如风之速，改过当如雷之促。千淘万漉虽辛苦，吹尽狂沙始到金。千红万紫安排著，只待春雷第一声。

浅近轻浮莫与交，地卑只解生荆棘。强中更有强中手，恶人须用恶人磨。强中更有强中手，莫向人前满自夸。且乐生前一杯酒，何须身后千载名？青草发时便盖地，运通何须觅故人。侵人田土骗人钱，荣华富贵不多年。

勤俭好似燕衔泥，浪费好似水冲堤。勤俭持家为上策，忍和处世作良图。勤俭是富贵之本，懒惰是贫贱之苗。清扬似玉须勤学，富贵由人不在天。穷怕人有美笑丑，看破人情泪欲流。情可顺而不可徇，法宜严而不宜猛。情相亲者礼必寡，道相悖者术不同。求快活时非快活，得便宜处失便宜。丘山积卑以为高，江河合水而为大。秋至满山皆秀色，春来无处不花香。秋风不用吹华发，沧海横流要此身。求人须求大丈夫，济人须济急时无。

劝君出语须诚实，口舌从来是祸基。劝君莫谩夸头角，梦里输赢总未真。劝君莫作亏心事，古往今来放过谁。劝君莫作守财虏，死去何曾带一文。劝君休饮无情水，醉后教人心意迷。劝君作福便无钱，祸到临头使万千。

劝人出世偏知易，自到临头始觉难。惹祸只因闲口舌，招愆多为狠心肠。去年妄取东邻物，今日还归西舍家。人不求福斯无祸，人不求利斯无害。人不以多言为益，犬不以善吠为良。人才自古要养成，放使干霄战风雨。人从巧计夸伶俐，天自从容定主张。

人家见生男女好，不知男女催人老。人间富贵花间露，纸上功名水上鸥。人间桑海朝朝变，莫遣佳期更后期。人非已事休招惹，事若亏心切莫为。人恶人怕天不怕，人善人欺天不欺。人逢喜事精神爽，月到中秋分外明。人逢忠义情偏洽，事到颠危策愈全。人见利而不见害，鱼见食而不见钩。人君刚则国家灭，人臣刚则交友绝。人能克己身无患，事不欺心睡自安。

人前若爱争长短，人后必然说是非。人情似水分高下，世事如云任卷舒。人情似纸张张薄，世事如棋局局新。人情只堪付一笑，世事须知无百年。人生安分且逍遥，莫向明时叹不遭。人生百病有已时，独有书癖不可医。

人生百年几今日，今日不为真可惜。人生不得行胸怀，虽寿百岁犹为无。人生代代无穷已，江月年年只相似。人生待足何时足，未老得闲始是闲。人生到处知何似，应似飞鸿踏雪泥。人生贵极是王侯，浮利浮名不自由。人生何处不相逢，莫因小怨动声色。人生交分耻苟合，贵以道义久可安。人生交契无老少，论交何必先同调。人生结交在终始，莫为升沉中路分。人生究竟归何处，看破放下随万缘。人生在世数蜉蝣，转眼乌头换白头。人生自古谁无死？留取丹心照汗青。人生自是有情痴，此恨不关风与月。人生稀有七十余，多少风光不同居。人生有趣心常乐，不羡王侯食万钱。

人所归者天所与，人所畔者天所去。人似秋鸿来有信，事如春梦了无痕。人生识字忧患始，姓名粗记可以休。人无笑脸休开店，会打圆场自落台。人心似铁不似铁，官法如炉真如炉。人心不足蛇吞象，世事到头螳捕蝉。人心弯弯曲曲水，世事重重叠叠山。

入山不怕伤人虎，只怕人情两面刀。若不与人行方便，念尽弥陀总是空。若得过，且得过，多惜福，少惹祸。若非先主垂三顾，谁识茅庐一卧龙。若将狡猾为生计，恰象朝开暮落花。

若念慈悲分缓急，不如济苦与怜贫。

荣宠旁边辱等待，贫贱背后福跟随。荣华终是三更梦，富贵还同九月霜。荣辱纷纷满眼前，不如安分尽随缘。日远迈兮思予心，恋所生兮泪不禁。日长似岁闲方觉，事大如天醉亦休。仁者见之谓之仁，智者见之谓之智。人资饮食以养生，去其甚至自安逸。忍一言风平浪静，退一步海阔天空。忍字常须作座铭，扫尽世间闲忿欲。柔软是立身之本，刚强是惹祸之胎。如今休去便休去，若觅了时了无时。若要世人心里足，除是南柯一梦西。

三寸气在千般用，一旦无常万事休。三贫三富不到老，十年兴败多少人。三十年前人寻病，三十年后病寻人。山重水复疑无路，柳暗花明又一村。山高自有客行路，水深自有渡船人。色不迷人人自迷，情人眼里出西施。色不迷人人自迷，迷他端的受他亏。山寺日高僧未起，算来名利不如闲。山水是文章化境，烟云乃富贵幻形。山泽未必有异士，异士未必在山泽。山中荆璞谁知玉，海底骊龙不见珠。山中自有千年树，世上难逢百岁人。山将崩者下先隳，国将衰者民先弊。山林不能给野火，江海不能灌漏卮。

善除害者察其本，善理疾者绝其源。善琴弈者不视谱，善相马者不按图。善业可为须着力，是非闲杂莫劳心。善恶到头终有报，只争来早与来迟。善用威者不轻怒，善用恩者不妄施。少年辛苦真食蓼，老景清闲如啖蔗。少年辛苦终身事，莫向光阴惰寸功。少年休笑白头翁，花开能有几时红。少年休笑老年颠，及到老时颠一般。少年易老学难成，一寸光阴不可轻。少时练得一身劲，老来健壮少生病。少时总觉为人易，华年方知立业难。少贪梦里还家乐，早起前山路正长。

奢侈者可以为戒，节俭者可以为师。奢者狼藉俭者安，一凶一吉在眼前。麝因香重身先死，蚕为丝多命早亡。身后铭碑空自好，眼前傀儡为谁忙。身贫少虑为清福，名重山丘长业冤。身无彩凤双飞翼，心有灵犀一点通。身世自如天下少，利名难退古来稀。深山毕竟藏猛虎，大海终须纳细流。深处种菱浅种稻，不深不浅种荷花。

生平卖不尽是痴，生平医不尽是癖。生前富贵草头露，身后风流陌上花。生前枉费心千万，死后空持手一双。生事事生何日了，害人人害几时休。圣人不责人无过，唯多方诱之改过。圣人常顺时而动，智者必因机而发。圣人先忤而后合，众人先合而后忤。

胜败兵家事不期，包羞忍辱是男儿。胜游只宜寻美景，命俦须是选吾徒。胜者为王败者寇，只重衣冠不重人。盛喜中勿许人物，盛怒中勿答人书。善作者不必善成，善始者不必善终。商不出则三宝绝，虞不出则财匮少。商女不知亡国恨，隔江犹唱后庭花。上好利则下多盗，上好勇则下多杀。上智者必不自智，下愚者必不自愚。赏不劝谓之止善，罚不惩谓之纵恶。少而寡欲颜常好，老不求官梦也闲。

中华圣贤经

十年窗下无人问，一举成名天下知。十年能学个秀才，十年难学个买卖。十日无寂粟身亡；十年无金珠何伤？识时务者为俊杰，通机变者为英豪。识透人情惊破胆，看穿世间心胆寒。时不至不可强生，事不究不可强成。时来天地皆同力，运去英雄不自由。时来易得金千两，运去难赊酒一壶。时人莫小池中水，浅处不妨有卧龙。时时体贴爹娘意，莫教爹娘心挂牵。食惟半饱宜清淡，酒止三分莫过醺。始知锁向金笼听，不及林间自在啼。士必从微而至著，功必积小以至大。士不忘身不为忠，言不逆耳不为谏。

世人结交需黄金，黄金不多交不深。世人惟不平则鸣，圣人以无讼为贵。世间好语书说尽，天下名山僧占多。世间祸故不可忽，箦中死尸能报仇。世间最重惟生死，白玉黄金尽枉然。世人不解苍天意，空令身心夜半愁。世人不解结交者，唯重黄金不重人。世人但知悔昨日，不觉今日又过了。世人都晓神仙好，只有功名忘不了。

世上岂无千里马，人中难得九方皋。世上钱多赚不尽，朝里官多做不了。世上若要人情好，赊去物件莫取钱。世上死生皆为利，不到乌江不肯休。世上万般哀苦事，无非死别与生离。世上万般皆下品，思量唯有读书高。世上闲愁千万斛，不教一点上眉端。

世事茫茫难自料，清风明月冷看人。世事茫茫似水流，休将名利挂心头。世事茫茫无了期，何须苦苦用心机。世事洞明

皆学问，人情练达即文章。世事纷纷一局棋，输赢未定两争持。世事纷纷一笔勾，林泉乐道任遨游。世事由来多缺陷，幻躯焉得免无常。世治则以义卫身，世乱则以身卫义。

是非不必争人我，彼此何须论短长。是非不到钓鱼处，荣辱常随骑马人。是非不入东风耳，花落花开只读书。是非吹入凡人耳，万丈江河洗不清。是非只为多开口，烦恼皆因强出头。是是非非何日了，烦烦恼恼几时休。是是非非谓之知，非是是非谓之愚。

恃壮者一病必危，过懒者久闲愈懦。势利人装腔做调，虚浮人指东画西。事不三思终有悔，人能百忍自无忧。事当快意时须转，言到快意时须住。事非干己休多管，话不投机莫强言。事先径路机关恶，退后语言滋味长。事能知足心常惬，人到无求品自高。事上之道莫若忠，待下之道莫若恕。事遇机关须退步，人逢得意早回头。

守己不贪终是稳，利人所有定遭亏。守口不谈新旧事，知心难得两三人。寿夭富贵与贫穷，全不由人由天公。受恩深处

94　　　　　　中华圣贤经

宜先退，得意浓时便可休。瘦到梅花应有骨，幽同明月且留痕。书卷多情似故人，晨昏忧乐每相亲。书山有路勤为径，学海无涯苦作舟。书生如鱼蠹书册，辛苦雕篆真徒劳。书有未曾经我读，事无不可对人言。书中自有黄金屋，书中自有颜如玉。

树欲静而风不止，子欲养而亲不待。树大招风风撼树，人为名高名丧人。爽口物多须作疾，快心事过恐生殃。谁道人生无再少，门前流水尚能西。谁人背后无人说，哪个人前不说人。谁人不爱子孙贤，谁人不爱千钟粟。水持杖探知深浅，人用财交便见心。水稻开花遇东风，将来晒谷不要扬。水流任急境常静，花落虽频意自闲。顺理而举易为力，背时而动难为功。

兽同足者相从游，鸟同翼者相从翔。梳头洗脚长生事，临卧之时小太平。死犹未肯输心去，贫亦其能奈我何。四方平静干戈息，我若贫时也不妨。随富随贫且欢乐，不开口笑是痴人。随高随低随时过，或长或短莫埋怨。随时快乐随时福，一日清闲一日仙。随时莫起趋时念，脱俗休存矫俗心。笋因落箨方成竹，鱼为奔波始化龙。所求处处田禾熟，惟愿人人寿命长。

天上浮云似白衣，斯须改变如苍狗。天时人事两难齐，莫把春光付流水。天下顺治在民富，天下和静在民乐。天之生民非为君；天之立君以为民。天作棋盘星作子，水有源头木有根。天上若无难走路，世间哪个不成仙。天上无云不下雨，世间无理事不成。天上众星皆拱北，世间无水不朝东。天生我材必有用，千金散尽还复来。天时不测多风雨，人事难量多龃龉。

贪爱沉溺即苦海，利欲炽燃是火坑。贪得者身富心贫；知足者身贫心富。贪名逐利满世间，不如破衲道人闲。贪于近者则遗远，溺于利者则伤名。陶朱不享千年富，韩信空成十面谋。田家何待春禽劝，一朝早起一年饭。田家望望惜雨干，布谷处处催春种。听其言必责其用，观其行必求其功。填平湘岸都栽竹，截住巫山不放云。同是天涯沦落人，相逢何必曾相识。痛莫大于不闻过，辱莫大于不知耻。投之亡地然后存，陷之死地然后生。脱下紫袍归山去，草鞋竹杖兴悠然。土敝则草木不长，水烦则鱼鳖不大。

万贯家财勿算富，一分仁义值千金。万里江山万里尘，一朝天子一朝臣。万两黄金容易得，知心一个也难求。万人丛中一握手，使我衣袖三年香。万事不如杯在手，一年几见月当空。万事不由人计较，一生都是命安排。万事乘除总在天，何必愁肠千万结？万事尽从忙里错，一心须向静中安。万事劝人休瞒昧，举头三尺有神明。万事丝窠黏露珠，奉亲最乐天下无。万事由天莫强求，何须苦苦用机谋。万勿得陇犹望蜀，神怡梦稳到白头。万物通则万物运，万物运则万物贱。万丈深潭终有底，只有人心不可量。

亡国之法有可随，治国之俗有可非。王谢功名有遗恨，怎如刘阮乐陶陶。为人不可不回头，名利英雄有日休。为人莫作千年计，三十河东四十西。为人性僻耽佳句，语不惊人死不休。为人在世莫奢懒，奢懒之人才智短。为善则流芳百世，为恶则遗臭万年。问渠那得清如许，为有源头活水来。我见几家贫了富，几家富了又还贫。位益高而意益下，官益大而心益小。惟正己可以化人，惟尽己可以服人。畏患而不避义死，欲利而不为所非。闻戒固多持戒少，承恩容易报恩难。呜呼何代无奇才，世间未有黄金台。

无贵则贱者不怨，无富则贫者不争。无君子莫治野人，无野人莫养君子。无论海角与天涯，大抵心安即是家。无名草木年年发，不信男儿一世穷。无奈今年又苦旱，塘水少子衣上汗。无求便是安心法，不饱真为却病方。无求到处人情好，不饮从他酒价高。无端饮却相思水，不信相思想杀人。无限朱门生饿殍，几多白屋出公卿。无义钱财汤泼雪，傥来田地水推沙。无形则神无以生，无神则形不可活。无药可延卿相寿，有钱难买子孙贤。无忧无虑更无愁，何必斤斤计小酬。无益言语休开口，不干己事少当头。无益之言莫妄说，不干己事莫妄为。无专精则不能成，无涉猎则不能通。

勿以善小而不为，勿以恶小而为之。毋以小嫌疏至戚，毋以新怨忘旧恩。毋徇俗以移其守，毋矫伪以丧其正。务善策者无恶事，无远虑者有近忧。物暴长者必夭折，功卒成者必亟坏。误尽平生是一官，弃家容易变名难。

溪云初起日沉阁，山雨欲来风满楼。西下夕阳难把手，东流逝水绝回头。喜时之言多失信，怒时之言多失体。先忧为后乐之本，暂劳为永逸之始。闲居安静多清福，何必荣封万户侯。

闲居慎勿说无妨，才说无妨便自妨。戏场也有真歌泣，骨肉非无假应酬。细看如此清闲事，虽老何须更厌频。细看万事乾坤内，只有懒字最为害。闲中检点平生事，静坐思量日所为。闲中觅伴书为上，身外无求睡最安。

贤者不炫己之长，君子不夺人所好。乡村四月闲人少，才了蚕桑又插田。香花不一定好看，会说不一定能干。相逢不饮空归去，洞口桃花也笑人。相逢好似初相识，到老终无怨恨心。邪正者治乱之本，赏罚者治乱之具。

心病终须心药医，解铃还须系铃人。心好家门生贵子，命好何须靠祖田。心口如一终究好，口是心非难为人。心如大海无边际，广植净莲养身心。心似浮云常自在，意如流水任东西。心正不怕影儿邪，脚正不怕倒蹈鞋。心正自然邪不扰，身端怎有恶来欺。

辛勤好似蚕成茧，茧老成丝蚕命休。新竹高于旧竹枝，全凭老干为扶持。刑罚不足以移风，杀戮不足以禁奸。兴家犹如针挑土，败家好似浪淘沙。行谨则能坚其志，言谨则能崇其德。行尽世间天下路，唯有修行是真由。行乐及时虽有酒，出门无侣漫看书。幸名无德非佳兆，乱世多财是祸根。幸生太平无事日，恐逢年老不多时。幸于始者怠于终，善其辞者嗜其利。

兄弟相打看娘面，千朵桃花一树艳。休恨眼前田地窄，退后一步自然宽。休将烦恼盘心思，急须嬉笑舞疯癫。休将自己心田昧，莫把他人过失扬。休言女子非英物，夜夜龙泉壁上鸣。

修己以清心为要，涉世以慎言为先。修身以寡欲为要，行已以恭俭为先。须教自我胸中出，切忌随人脚后行。须知胜友真良药，莫作寻常旅聚看。

虚名浮利非我有，绿水青山何处无。徐行野径闲情爽，静坐茅斋逸趣嘉。蓄不久则着不盛，积不深则发不茂。学不贵博贵于正，言不贵多贵于当。寻些乐处酌杯洒，偷个闲时诵首诗。学海迷茫未有涯，何来捷径指褒斜。学习不怕根底浅，只要迈步总不迟。雪后始知松柏操，事难方见丈夫心。循流而下易以至，顺风而驰易以远。循名实而定是非，因参验而审言辞。

眼前多少难甘事，自古男儿当自强。眼前多少英雄辈，为甚来由不回头。眼前富贵一盘棋，身后功名半张纸。燕雀那知鸿鹄志，虎狼岂被犬羊欺。言者无罪闻者戒，下流上通上下泰。炎凉变诈都休问，让我逍遥过百春。眼底浮云轻似纸，天边飞兔疾如梭。养心莫善于寡欲，养廉莫善于止贪。养子方知父母恩，立身方知人辛苦。要好儿孙须积德，欲高门第快读书。要为天下奇男子，须历人间万里程。要无烦恼要无愁，本分随缘莫强求。也学如来也学仙，携尊随处乐陶然。业精于勤荒于嬉，行成于思毁于随。业无高卑志当坚，男儿有求安得闲。夜闻归雁生乡思，病入新年感物华。

一报到头还一报，始知天网不曾疏。一场秋雨一场寒，十场秋雨要穿棉。一寸光阴不暂抛，徒为百计苦虚劳。一等二靠三落空，一想二做三成功。一个不敌两人计，三人合唱二台戏。

一花独放不是春，万紫千红春满园。一回相见一回老，能得几时为弟兄。一激之怒炎于火，三寸之舌芒于剑。一苦一乐相磨练，一疑一信相参勘。一剂养神平胃散，两盅和气二陈汤。一家富贵千家怨，半世功名百世愆。一间茅屋何所值，父母之乡去不得。一念之非即遏之，一动之妄即改之。一片白云横谷口，几多归鸟尽迷巢。一年算得三次命，无病也要变有病。一人说话全有理，两人说话见高低。一人为仇嫌太多，百人为友嫌太少。一忍可以支百勇，一静可以制百动。

一身报国有万死，双鬓向人无再青。一失足成千古恨，再回头已百年身。一时强弱在于力，万古胜负在于理。一生快活皆庸福，万种艰辛出伟人。一矢不能中两的，一车不能赴两途。一头白发催将去，万两黄金买不回。一湾死水全无浪，也有春风摆动时。一心似水惟平好，万事如棋不着高。一言足以召大祸，一行足以玷终身。一语天然万古新，豪华落尽见真淳。一枝独放不是春，万紫千红春满园。

衣食无亏便好休，人生在世一蜉蝣。已到穷途犹结客，风尘相赠值千金。以镜自照见形容，以人自照见吉凶。议生草莽无轻重，论到家庭大是非。易涨易退山溪水，易反易覆小人心。因人之情易为功，因时之势易为力。因病得闲殊不恶，安心是药更无方。

殷勤昨夜三更雨，又得浮生一日凉。淫慢则不能励精，险躁则不能冶性。寅父犹能畏后生，丈夫未可轻少年。隐逸林中无荣辱，道义路上无炎凉。英雄心性由来热，待竟苍生衣被功。忧国者不顾其身，爱民者不罔其上。莺花犹怕春光老，岂可教人枉度春。鹰不试则巧拙惑，马不试则良驽疑。用过其才则败事，享过其分则丧身。用心计较般般错，退步思量事事难。由来富贵三更梦，何必楚楚苦用心。游江海者托于船，致远道者托于乘。

有大通必有大塞，无奇遇必无奇穷。有道难行不如醉，有口难言不如睡。有道之财方可取，无道之钱莫强求。有功而能谦者豫；有才而恃显者辱。有国由来在得贤，莫言兴废是循环。有理问得君王倒，有钱难买子孙贤。有名岂在镌顽石，路上行人口胜碑。有钱有酒多兄弟，急难何曾见一人。有钱有势即相知，无财无势同路人。有奇思方有奇行，有奇举方有奇事。有情不管别离久，情在相逢终有期。有田不耕仓廪虚，有书不读子孙愚。有事但近君子说，是非休听小人言。有所取必有所舍，有所禁必有所宽。有缘千里来相会，无缘对面不相逢。有有无无且耐烦，劳劳碌碌几时闲。

谀言顺意而易悦，直言逆耳而触怒。雨里深山雪里烟，看事容易做事难。与其病后能求药，不若病前能自防。与覆车同轨者倾，与亡国同事者灭。与人方便称长者，虑事精详是能人。与世无争常知足，心地清凉无忧愁。

雨露不滋无本草，混财不富命穷人。语人之短不曰直，济人之恶不曰义。语言间尽可积德，妻子间亦是修身。欲成事必先自信，欲胜人必先胜己。欲除烦恼先忘我，各有因缘莫羡人。欲知目下兴衰兆，须问旁观冷眼人。欲知世情须尝胆，会尽人情暗点头。欲致鱼者先通水，欲致鸟者先树木。

遇饮酒时须饮酒，得高歌处且高歌。遇饮酒时须饮酒，青山偏会笑人愁。冤家宜解不宜结，各自回头看后头。远处从人须谨慎，少年为事要舒徐。远路不须愁日暮，老年终自望河清。远其强而攻其弱，避其众而击其寡。越奸越狡越贫穷，奸狡原来天不容。愿为飞絮衣天下，不道边风朔雪寒。月过十五光明少，人到中年万事休。

乍富不知新受用，乍贫难改旧家风。栽培剪伐须勤力，花易凋零草易生。宰相必起于州部，猛将必发于卒伍。在官三日人问我，离官三日我问人。在家不会迎宾客，出外方知少主人。遭一蹶着得一便，经一事者长一智。早岁读书无甚解，晚年省事有奇功。早晨起来七件事，柴米油盐酱醋茶。早知如此挂人心，悔不当初莫相识。占小便宜吃大亏，仗小聪明无大成。丈夫力耕长忍饥，老妇勤织长无衣。丈夫立身须自省，知祸知福如形影。丈夫所志在经国，期使四海皆衽席。杖挂百钱村店里，手持一卷草堂前。

朝真暮伪何人辨，古往今来底事无。朝朝暮暮营家计，昧昧昏昏白了头。贞操与日月俱悬，孤芳随山壑共远。真圣贤决非迂腐，真豪杰断不粗疏。真英雄炼性摄心，假豪杰任才使气。真真假假难分解，假者自假真自真。枕边梦去心亦去，醒后梦还心不还。

正大光明教子弟，忧勤惕厉检身心。正己为率人之本，守成念创业之艰。知行知止唯贤者，能屈能伸是丈夫。知恩报恩天下少，反面无情世间多。知音说与知音听，不是知音莫与弹。知者莫大于知贤，政者莫大于官贤。知事少时烦恼少，识人多处是非多。知足胜服长生药，克己乐为孺子牛。

枝上花开能几日，世上人生能几

何？枝上柳绵吹又少，天涯何处无芳草？只看后浪催前浪，当悟新人胜旧人。只恐身闲心未闲，心闲何必住云山。志不强者智不达，言不信者行不果。纸上得来终觉浅，绝知此事要躬行。

志量恢弘纳百川，遨游四海结英贤。志正则众邪不生，心静则众事不躁。种田不熟不如荒，养儿不肖不如无。治川者决之使导，治民者宣之使言。质本洁来还洁去，强于污淖陷渠沟。制水者必以堤防，制性者必以礼法。智者因危而建安，明者矫失而成德。中原莫道无麟凤，自是皇家结网疏。忠诚所感金石开，勉建功名垂竹帛。

诸般得失总虚花，展放眉头莫自嗟。诸事随时若流水，此怀无日不春风。竹篱茅舍风光好，不羡他人住高楼。竹里常怡无事福，花间熟读快心书。竹外桃花三两枝，春江水暖鸭先知。

主好要则百事详，主好详则百事荒。壮心未与年俱老，死去犹能作鬼雄。追虎不可无退步，追贼不可无去路。专宠则妆成七宝，弛爱则赋买千金。着意栽花花不发，无意插柳柳成阴。

自古雄才多磨难，纨绔子弟少伟男。自静其心延寿命，无求于物长精神。自家漫诩便便腹，开卷方知未读书。自信者人亦信之，自疑者人亦疑之。自走自来梁上燕，相亲相近水中鸥。足不强则迹不远，锋不铦则割不深。醉扶怪石看飞泉，又却是前回醒处。醉后狂言醒时悔，安不将息病时悔。醉卧沙场君莫笑，古来征战几人回。

昨日花开今日谢，百年人有万年心。昨日花开满江红，今日花落一场空。昨日之非不可留，今日之是不可执。昨日之日不可追，今日之日须臾期。昨夜新雷催好雨，蔬畦麦陇最先青。昨朝花胜今朝好，今朝花落成秋草。作诗火急追亡逋，清景一失后难摹。做事必须踏实地，为人切莫务虚名。做贼瞒不得乡里，偷食瞒不得舌齿。

诚实以启人之信我，乐易使启人之亲我，虚己以听人之教我，恭己以取人之敬我，自检以杜人之议我，自反以免人之罪我，容忍以受人之欺我，勤俭以补人之侵我，警戒以脱人之陷我，奋发以破人之量我，逊言以息人之詈我，危行以销人之鄙我，定静以处人之扰我，从容以待人之迫我，游艺以备人之弃我，励操以去人之污我，直道以伸人之屈我，洞彻以解人之疑我，量力以济人之求我，尽心以报人之任我，弊端切勿创始于我，凡事不可袒私于我，圣贤每存心于无我，天下之事尽其在我。

读书知礼之人，不可慢他；高年有德之人，不可轻他；有恩有义之人，不可忘他；无父无君之人，不可饶他；忠言逆耳之人，不可恼他；反面无情之人，不可交他；平生梗直之人，不可疑他；过后反覆之人，不可托他；富贵暴发之人，不可羡他；时运未来之人，不可欺他；不识高低之人，不可采他；不达时务之人，不可依他；轻诺寡信之人，不可准他；花言巧语之人，不可听他；好评阴私之人，不可近他；恃刁撒泼之人，不可惹他；饮酒不正之人，不可请他；来历不明之人，不可留他；贫穷性急之人，须要慰他；颠危落难之人，须要扶他。房屋不在高堂，不漏便好；衣服不在绫罗，和暖便好；饮食不在珍馐，一饱便好；娶妻不在颜色，贤德便好；邻里不在高低，和睦便好；亲眷不择新旧，来往便好；养儿不问男女，孝顺便好；兄弟不在多少，和顺便好；朋友不在酒食，扶持便好；官吏不在大小，清正便好。

爱人者，人恒爱之；敬人者，人恒敬之。道虽迩，不行不至；事虽小，不为不成。德不称，其祸必酷；能不称，其殃必大。不贪权，敞户无险；不贪杯，心静身安。变则新，不变则腐；变则活，不变则板。不制怒，无以纳谏；不从善，无以改过。剑虽利，不厉不断；材虽美，不学不高。衡无心，轻重自见；镜无心，妍媸自见。惧则思，思则通微；惧则慎，慎则不败。无多言，多言多败；无多事，多事多患。无事时，戒一偷字；有事时，戒一乱字。纵欲者，众恶之本；寡欲者，众善之基。责己厚，故身益修；责人薄，故人易从。责人者，必先自责；成人者，必先自成。欲利己，便是害己；肯下人，终能上人。与其位，勿夺其职；任以事，勿间以言。用不节，财何以丰；民不苏，国何以安。兄弟和，其中自乐；子孙贤，此外何求。穷思变，思变则通；贵处尊，处尊则怠。取其一，不责其二；即其新，不究其旧。

心可逸，形不可不劳；道可乐，身不可不忧。为浊富，不若为清贫；以忧生，不若以乐死。敬他人，即是敬自己；靠自己，胜于靠他人。敬一人，则千万人悦；慢一人，则千万人怨。居高者，形逸而神劳；处下者，形劳而神逸。鉴明者，尘埃不能污；神清者，嗜欲岂能胶？见小利，不能立大功；存私心，不能谋公事。富以苟，不如贫以誉；生以辱，不如死以荣。忿如火，不遏则燎原；欲如水，不遏则滔天。各自责，则天清地宁；各相责，则天翻地覆。不尤人，何人不可处；不累事，何事不可为。世情熟，则人情易流；世情疏，则交情易阻。

为善易，避为善之名难；不犯人易，犯而不校难。志合者，不以山海为远，道乖者，不以咫尺为近。机闲者，一日遥于千古；广意者，斗室宽若两间。俭则约，约则百善俱兴；侈则肆，肆则百恶俱纵。克己者，触事皆成药石；尤人者，启口即是戈矛。不能忍，则不足以任败；不任败，则不足以成事。论名节，则缓急之事小；较死生，则名节之论微。看中人，在大处不走作，看豪杰，在小处不渗漏。宽厚者，毋使人有所恃；精明者，不使人有所容。寥落者，遇浓艳而转悲；豪华者，当凄清而益侈。易变脸，薄福之人奚较；耐久朋，能容之士可宗。

每一食，便念稼穑之艰难；每一衣，则思纺绩之辛苦。不担当，则无经世之事业；不摆脱，则无出世之襟期。不下水，一辈子不会游泳；不扬帆，一辈子不会撑船。见善明，则重名节如泰山；用心刚，则轻死生如鸿毛。任事者，当置身利害之外；建言者，当设身利害之中。目主明，五色可以盲其明；耳主聪，五音可以聋其聪。世味浓，不求忙而忙自至；世味淡，不偷闲而闲自来。

若有恒，何必三更眠五更起；最无益，莫过一日曝十日寒。不惜费，必至于空乏而求人；不受享，无怪乎守财而遗诮。

大其心，容天下之物；虚其心，受天下之善；平其心，论天下之事；潜其心，观天下之理；定其心，应天下之变。

坦途不戒，骥可蹶；羊肠畏惴，驽可越。善誉人者，人誉之；善毁人者，人毁之。有所不言，言必当；有所不为，为必成。以肉去蚁，蚁愈多；以鱼驱蝇，蝇愈至。

知而不言，是不忠之臣；不知而言，乃不智之臣。役其所长，则事无废功；避其所短，则世无弃材。用得正人，为善者皆劝；误用恶人，不善者竞进。倚势凌人，势败人凌我；穷巷追狗，巷穷狗咬人。不登高山，不知天之高；不临深溪，不知地之厚。爱君切者，不知有富贵；为己重者，不能立功名。

得其所利，必虑其所害；乐其所成，必顾其所败。不得乎亲，不可以为人；不顺乎亲，不可以为子。处逆境心，须用开拓法；处顺境心，要用收敛法。不积跬步，无以至千里；不积小流，无以成江海。不近人情，举世皆畏途；不察物情，一生俱梦境。不用干将，奚以知其锐；不弓乌号，奚以知其劲。

大鹏之功，非一羽之轻；骐骥之速，非一足之力。劳谦虚己，则附之者众；骄慢倨傲，则去之者多。老来疾痛，都是壮时落；衰后冤孽，都是盛时作。不用僻药，不害为良医；不押险韵，不害为好诗。

中华圣贤经

大厦之成，非一木之材；大海之阔，非一流之归。大智兴邦，不过集众思；大愚误国，只为好自用。不任舟楫，岂得济巨川？不藉盐梅，安得调五味。川泽纳污，所以成其深；山岳藏疾，所以就其大。对失意人，莫谈得意事！处得意日，莫忘失意时。

懦者能奋，与勇者同力；愚者能虑，与智者同识；拙者能勉，与巧者同功。

千金之裘，非一狐之腋；大厦之材，非一丘之木。华衮灿烂；非只色之功，嵩岱之竣，非一篑之积。良玉未剖，与瓦石相类；名骥未驰，与驽马相杂。人众兵强，守以畏者胜；聪明睿智，守以愚者益。

明霞可爱，瞬眼而辄空；流水堪听，过耳而不恋。敬教劝学，建国之大本；兴贤育才，为政之先务。规小节者，不能成荣名；恶小耻者，不能立大功。回着头看，年年有过差；放开脚行，日日见长进。

峻极之山，非一石所成；凌云之榭，非一木所构。昆峰积玉，光泽者前毁；瑶山丛桂，芳茂者先折。困辱非忧，取困辱为忧；荣利非乐，忘荣利为乐。谦是美德，过谦者怀诈；默是懿行，过默者藏奸。轻信轻发，听言之大戒；愈激愈厉，责善之大戒。以德报德，则民有所劝；以怨报怨，则民有所惩。以财交者，财尽而交绝；以色交者，华落而爱渝。

招殃之端，莫狠乎气性；避祸之法，莫过于忍让。专明无胆，则虽见不断；专胆无明，则违理失机。知己知彼，不独是兵法，处人处事，一些少不得。知之愈明，则行之愈笃；行之愈笃，则知之益明。忠言似苦，味之则有理；捷径似直，行之则背道。自责之外，无胜人之术；自强之外，无上人之术。

亡国之君，非一人之罪；治国之君，非一人之力。狎昵恶少，久必受其累；屈志老成，急则可相依。贤人之言，未必可尽信；愚人之言，未必可尽弃。无执滞心，才是通方士；有做作气，便非本色人。小功不赏，则大功不立；小怨不赦，则大怨必生。兄弟叔侄，须分多润寡；长幼内外，宜法肃辞严。循法之功，不足以高世；法古之学，不足以制今。

有功不赏，为善失其望；奸回不诘，为恶肆其凶。有行之士，未必能进取；进取之士，未必能有行。有真性情，须有真涵养；有大识见，乃有大文章。

玉之在璞，追琢则珪璋；水之发源，疏浚则川沼。热不可除，而热恼可除；穷不可遣，而穷愁可遣。其知弥精，其所取弥精；其知弥粗，其所取弥粗。岁月本长，而忙者自促；天地本宽，而卑者自隘。童子智少，愈少而愈完；成人智多，愈多而愈散。

声誉可尽，江天不可尽；丹青可穷，山色不可穷。赏当其劳，无功者自退；罚当其罪，为恶者戒惧。上无疑令，则众不二听；动无疑事，则众不二志。三姑六婆，实淫盗之媒；婢美妾娇，非闺房之福。山势崇峻，则草木不茂；水势湍急，则鱼

鳌不生。善人同处，则日闻嘉训；恶人从游，则日生邪情。善谋生者，不必富其家；善处事者，不必利于己。善用力者，举百钧若一羽，善用众者，操万旅若一人。善为至宝，一生用之不尽；心作良田，百世耕之有余。千人同心，则得千人力；万人异心，则无一人之用。和平处事，勿矫俗为高；正直居心，勿设机以为智。

身披一缕，常思织女之劳；日食三餐，每念农夫之苦。深院宫娥，运退反为妓女；风流妓女，时来配作夫人。三家村里，任教牛斗蚁鸣；一笑风前，不管水流花谢。食用有余，断然不可积钱；学识不足，断然不可做官。上看千仞，不如下看一寸；前看百里，不如后看一屣。上古圣贤，不掌阴阳之数；今日儒士，岂离否泰之中。

时遭不遇，只宜安贫守份；心若不欺，必有扬眉之日。湿时捆就，断了约儿不散；小时教成，殁了父母不变。事事有功，须防一事不终；人人道好，须防一人著恼。受享过分，必生灾害之端；举动异常，每为不祥之兆。

片善可嘉，朝闻甘于夕死；一诺犹重，黄金贱于白圭。贫贱骄人，傲骨生成难改；英雄欺世，浪语必多不经。人未己知，不可急求其知；人未己合，不可急求之合。人心好胜，我以胜应必败；人情好谦，我以谦处反胜。人有喜庆，不可生妒忌心；人有祸患，不可生喜幸心。

起居宜慎，节以安乐之条；却病有方，导以延年之术。奴婢成群，定是宽宏待下；资财盈筐，决然勤俭持家。有作用者，器宇定是不凡；有受用者，才情决然不露。有誉于前，不若无毁于后；有乐于身，不若无忧于心。

幽堂昼深，清风忽来好伴；虚窗夜朗，明月不减故人。倚势欺人，势尽而为人欺；恃财侮人，财散而受人侮。以我索人，不如使人自反；以我攻人，不如使人自露。异宝秘珍，总是必争之物；高人奇士，多遗不祥之名。宇宙虽宽，世途渺如鸟道；徵逐日甚，人情浮比鱼蛮。兄弟争财，父遗不尽不止；妻妾争宠，夫命不死不休。凶人得志，莫提贫贱之时；宕子成名，必弃糟糠之妇。

严霜降处，难伤翠松青竹；烈火焚时，不损良金璞玉。颜渊命短，实非凶恶之徒；盗跖年长，不是善良之辈。腰金衣紫，都生贫贱之家；草履毛鞋，都是富豪之裔。尧舜明圣，却生不肖之儿；瞽叟愚顽，反生大孝之子。误用聪明，何若一生守拙；滥交朋友，不如终日读书。

限以资例，则取人之路狭；不限资例，则取人之路广。消沮闭藏，必是好贪之辈；披肝露胆，决为英杰之人。溪响松声，使人清听自远；竹冠兰佩，使人物色俱闲。小屈大伸，张子房之拾履；微恩重报，韩王孙之致金。图功未晚，亡羊尚可补牢；浮慕无成，羡鱼何如结网。无义而生，不若有义而死；邪曲而得，不若正直而失。喜闻人过，不若喜闻己过；乐道己善，何如乐道人善。

妄动有悔，如何静而勿动；大刚则折，曷若柔而勿刚。委形无寄，但教鹿豕为群；壮志有怀，莫遣草木同朽。未用兵时，全要虚心用人；既用兵时，全要实心活人。五夜鸡鸣，唤起窗前明月；一觉睡起，看破梦里当年。五指更弹，不若拳手一挃；万人更替，不如百人俱至。斜阳树下，闲随老衲清谭，深雪堂中，戏与骚人白战。

心静则明，水止乃能照物；品超斯远，云飞而不碍空。心体光明，暗室中有青天；念头暗昧，白日下有厉鬼。心行慈善，何须努力看经；意欲损人，空读如来一藏。

自谋不诚，则欺心而弃己；与人不诚，则丧德而增怨。祖宗虽远，祭祀不可不诚；子孙虽愚，经书不可不读。住世一日，要做一日好人；为官一日，要行一日好事。仲宣才敏，藉中郎而表誉；正平颖悟，赖北海以腾声。重富欺贫，焉可托妻寄子；

敬老慈幼，必然裕后光前。

朱草神龙，以不易见为贵；交梨火枣，以难得食为奇。专责己者，兼可成人之善；专责人者，适以长己之恶。拙之一字，免了无千罪过；闲之一字，讨了无万便宜。栽花种竹，未必果出闲人；对酒当歌，难道便称侠士？

蹔为寄足，有似鹪鹩一枝；巧于营身，还如狡兔三窟。则何益矣，茗战有如酒兵；试妄言之，谈空不若说鬼。责人之非，不如行己之是；扬己之是，不如克己之非。择池纳凉，不若先除热恼；执鞭求富，何如急遣穷愁。

一马之奔，无一毛而不动；一舟之覆，无一物而不沉。一目之视，不若二目之视；一耳之听，不若二耳之听。一星之火，能烧万顷之薪；半句非言，误损平生之德。一指之穴，能涸千里之河；一胔之味，能败十世之德。一粥一饭，当思来处不易；半丝半缕，恒念物力维艰。

衣服虽破，常有礼仪之容；面带忧愁，每抱怀安之量。趋炎虽暖，暖后更觉寒增；食蔗能甘，甘余便生苦趣。清疏畅快，月色最称风光；潇洒风流，花情何如柳态。穷且益坚，不坠青云之志；老当益壮，宁移白首之心？

青春美女，却招愚蠢之夫；俊秀郎君，反配粗丑之妇。青冢草深，万念尽同灰冷；黄粱梦觉，一身都似云浮。千载奇逢，无如好书良友；一生清福，只在碗茗炉烟。气性乖张，多是夭亡之子；语言深刻，终为薄福之人。侵晨好饭，算不得午后饱；

平日恩多，抵不得临时少。浅狭一心，到处便招犹悔；因循两字，从来误尽英雄。千年奇逢，无如好书相遇；一生清福，无如幽事相仍。

冷暖无定，骤暖勿弃棉衣；贵贱何常，骤贵无捐故友。浪子回头，仍不惭为君子；贵人失足，便贻笑于庸人。救人一命，胜造七级浮图；积金千两，不如明解经书。会心之语，当以不解解之；无稽之言，是在不听听耳。几条杨柳，沾来多少啼痕；三叠阳关，唱彻古今离恨。寂而常惺，寂寂之境不扰；惺而常寂，惺惺之念不驰。

画家之妙，皆在运笔之先；长于笔者，文章即如言语。患难相顾，似鹡鸰之在原；兄弟分离，如雁行之折翼。怀多磊落，眉宇便是不同；性倘矜高，调笑得无太恶。广积聚者，遗子孙以祸害；多声色者，残性命以斤斧。荷钱榆荚，飞来都作青蚨；柔玉温香，观想可成白骨。

精神清旺，境境都有会心；志气昏愚，处处俱成梦幻。径路窄处，留一步与人行；滋味浓底，减三分让人尝。饥乃加餐，菜食美于珍味；倦然后睡，草蓐胜似重裀。俭为贤德，不可着意求贤；贫是美称，只在难居其美。戒之以祸，不若喻之以理；喻之以理，不若悟之以心。将兴之主，惟恐人之无言；将亡之主，惟恐人之有言。蛟龙未遇，暂居云雾之间；君子失时，屈守小人之下。见一叶落，而知岁之将暮；睹瓶中之冰，而知天下之寒。

好矜己善，弗再望乎功名；乐摘人非，最足伤乎性命。寒温之变，非一精之所化；海水之大，非仰一川之流。涵养冲虚，便是身世学问；省除烦恼，何等心性安和。何思何虑，居心当如止水；勿取勿忘，为学当如流水。千钧之弩，不以鼷鼠发机；万石之钟，不为尺梃成响。

耳有所闻，不学而不如聋；目有所见，不学而不如盲。多方分别，是非之窦易开；一味圆融，人我之见不立。得十良马，不若得一伯乐；得十良剑，不若得一欧冶。粗粝能甘，必是有为之士；纷华不染，方称杰出之人。川流溃决，必问为防之人；比户延烧，必罪失火之主。初贫君子，天然骨格生成；乍富小人，不脱贫寒肌体。楚霸英雄，败于乌江自刎；汉王柔弱，竟有万里江山。财不难聚，取予当则富足；国不难治，邪正辨则丕平。

不世之宝，尚有碧眼胡僧；经世之才，岂无轻身贤主？百星之明，不如一月之光；十牖之开，不如一户之明。不分德怨，料难至乎遐年；较量锱铢，岂足期乎大受。鄙吝一销，白云亦可赠客；渣滓尽化，明月自来照人。必死之病，不下苦口之药；朽烂之材，不受雕镂之饰。

陈年之酒，一石仅存数升，百炼之钢，千炉才铸一剑。鼓打千槌，不如雷轰一声；良田百亩，不如薄技随身。凡名易居，只有清名难居；凡福易享，只有清福难享。烦恼场空，身住清凉世界；营求念绝，心归自在乾坤。飞龙御天，故资云雨之势；帝王兴运，必俟股肱之力。封疆缩地，中庭歌舞犹喧；战血枯人，满座貂蝉自若。甘人之语，多不论其是非；激人之语，多不顾其利害。甘受人欺，有子必然大发；常思退步，一身终得安闲。

闻其过者，过日消而福臻；闻其誉者，誉日损而祸至。是非窝里，人用口我用耳；热闹场中，人向前我落后。明犯国法，罪累岂能幸逃；白得人财，赔偿还要加倍。命运未通，被愚人之轻弃；时运未到，被小人之欺凌。蝼蚁之穴，能毁千里之堤；三寸之舌，可害身家性命。良缘易合，红叶亦可为媒；知己难投，白璧未能获主。满腹文章，白发竟然不中；才疏学浅，少年及第登科。

马勃牛溲，举世无终弃之物；龙文凤彩，天地有或闭之时。面谀之词，有识者未必悦心；背后之议，受憾者常若刻骨。良弓难张，然可以及高入深；良马难乘，然可以任重致远。世道不同，话到口边留半句；人心难测，事当行处再三思。

欺蔽阴私，纵有荣华儿不享；公平正直，虽无子息死为神。

篇诗斗酒，何殊太白之丹丘，扣舷吹箫，好继东坡之赤壁。破除烦恼，二更山寺木鱼声；见彻性灵，一点云堂优钵影。闻死而愠，则医不敢斥其疾；言亡而怒，则臣不敢争其失。伤心之事，即懦夫亦动怒发；快心之举，虽愁人亦开笑颜。汝惟不矜，天下莫与汝争能；汝惟不伐，天下莫与汝争功。

时至而行，则能极人臣之位；得机而动，则能成绝代之功。赏识既缪，不知天下有真龙；学力一差，徒与世人讥画虎。言易招尤，对亲友少说两句；书能化俗，教儿孙多读几行。炎凉之态，富贵更甚于贫贱；妒忌之心，骨肉尤狠于外人。有尽之物，不能给无已之耗；江河之流，不能盈无底之器。有能咨教，己无成子亦无成；见过隐规，身可托家亦可托。

议论先辈，毕竟没学问之人；奖借后生，定然关世道之寄。孝莫辞劳，转眼便为人父母；善因望报，回头但看尔儿孙。行不去处，须知退一步之法；行得去处，务加让三分之功。心不欲杂，杂则神荡而不收；心不欲劳，劳则神疲而不入。心无愧怍，则无入而不自得；心无系恋，则无往而不自安。心和气平，可卜孙荣兼子贵；才偏性执，不遭大祸必奇穷。

文章盖世，孔子厄困于陈邦；武略超群，太公垂钓于渭水。先去私心，而后可以治公事；先平己见，而后可以听人言。千虑之计，有劣于一虑之得；百艺之能，有粗于一技之习。急行缓行，前程总有许多路；逆取顺取，命中只有这般财。毁誉杂至，观其事则毁誉明；善恶混淆，公其心则善恶判。家纵贫寒，也须留读书种子；人虽富贵，不可忘稼穑艰辛。盖世功劳，当不得一个矜字；弥天罪恶，最难得一个悔字。高尚之士，不以名位为光宠；忠正之士，不以穷达易志操。

分果车中，毕竟借人家面孔；捉刀床侧，终须露自己心胸。风不难化，自上及下而风行；俗不难革，自迩及远而俗变。德能知报，何惭于黄雀白龟；劳无可施，甘让于木牛流马。斗草春风，才子愁销书带翠；采菱秋水，佳人疑动镜花香。成大事功，全仗着秤心斗胆；有真气节，才算得铁面铜头。尘缘割断，烦恼从何处安身；世虑潜消，清虚向此中立脚。

不自反者，看不出一身病痛；不耐烦者，做不成一件事业。闭门见拒，不如山鸟解呼人；屈意取怜，争似野花能傲客。爱惜精神，留他日担当宇宙；蹉跎岁月，问何时报答君亲。安详恭敬，是教小儿第一法；公正严明，是做家长第一法。遨游仙子，寒云几片束行装；高卧幽人，明月半床供枕簟。澹泊之士，必为秾艳者所疑；检饰之人，必为放肆者所忌。澹泊之守，须从秾艳场中试来；镇定之操，还向纷纭境上勘过。

蛟龙未遇，潜水于鱼鳖之间；君子失时，拱手于小人之下。天欲祸人，必先以微福骄之；天欲福人，必先以微祸儆之。天薄我福，吾厚吾德以迓之；天劳我形，吾逸吾心以补之。水本至清，以泥沙淈之则不清；镜本至明，以尘垢蔽之则不明。陷一无辜，与操刀杀人者何别？释一大憝，与纵虎伤人者无殊。

唾面自干，娄师德不失为雅量；睚眦必报，郭象玄未免为祸胎。万理澄彻，则一心愈精而愈谨；一心凝聚，则万理愈通而愈流。惜寸阴者，乃有凌铄千古之志；怜微才者，乃有驰驱豪杰之心。形骸非亲，何况形骸外之长物；大地亦幻，何况大地内之微尘。

事后论人，每将智人说得极愚；局外论人，每将难事说得极易。要好儿孙，须方寸中放宽一步；欲成家业，宜凡事上吃亏三分。作践五谷，非有奇祸必有奇穷；爱惜只字，不但显荣亦当延寿。看书求理，须令自家胸中点头；与人谈理，须令人家胸中点头。立业建功，事事要从实地着脚；讲道修德，念念要从虚处立基。

醇醪百斛，不如一味太和之汤；良药千包，不如一服清凉之散。不有所弃，不可以得天下之势；不有所忍，不可以尽天下之利。肝胆相照，欲与天下共分秋月；意气相许，欲与天下共坐春风。好与人争，滋培浅而前程有限；必求自反，蓄积厚而事业能伸。宠辱不惊，闲看庭前花开花落；去留无意，漫随天外云卷云舒。无德而官，则官不足以劝有德；无功而赏，则赏不足以劝有功。门户之衰，总由于子孙之骄惰；风俗之坏，多起于富贵之奢淫。悯济人穷，虽分文升合亦是福田；乐与人善，即只字片言皆为良药。事在当因，不为后人开无故之端；事在当革，毋使后人长不救之祸。利害之端，常伏于思虑之所不到；疑问之萌，每开于堤防之所不及。结缨整冠，勿施之焦头烂额之时；绳趋尺步，勿用之救死扶伤之日。物力艰难，要

知吃饭穿衣谈何容易；光阴迅速，即使读书行善能有几多。

帆只扬五分，船便安；水只注五分，器便稳。傲人不如者，必浅人；疑人不肖者，必小人。修学不以诚，则学浅；务事不以诚，则事败。居后而望前，则为前；居前而望后，则为后。执古以绳今，是为诬今；执今以绳古，是为诬古。

居家戒争讼，讼则终凶；处世戒多言，言多必失。病中之趣味，不可不尝；穷途之景界，不可不历。捱不过底事，莫如早行；悔无及之言，何似休说。座上有江南，语言须谨；往来无白丁，交接皆贤。恩德相结者，谓之知己；腹心相结者，谓之知心。不能缩头者，且休缩头；可以放手者，便须放手。嫁女择佳婿，毋索重聘；娶媳求淑女，勿计厚奁。

爱子而不教，犹为不爱；教而不以善，犹为不教。爱人不以理，适是害人；恶人不以理，实是害己。安危在是非，不在强弱；存亡在虚实，不在多寡。缓事宜急干，敏则有功；急事宜缓办，忙则多错。积力之所举，则无不胜；众智之所为，则无不成。

好逸恶劳者，常人之情，偷情苟简者，小人之病。好丑心太明，则物不契；贤愚心太明，则人不亲。开拨乱之业，其功既难；守已成之基，其道不易。行一件好事，心中泰然；行一件歹事，衾影抱愧。

言不可尽信，必揆诸理；事未可遽行，必问诸心。要足何时足，知足便足；求闲不得闲，偷闲即闲。世事让三分，天空地阔；心田培一点，子种孙收。洗不必江河，要之却垢；马不必骐骥，要之疾足。

与肩挑贸易，毋占便宜；见穷苦亲邻，须加温恤。鱼游于釜中，虽生不久；燕巢于幕上，栖身不安。用不才之士，才臣不来；赏无功之人，功臣不劝。忧先于事者，不入于忧；事至而忧者，无及于事。有才而性缓，定属大才；有智而气和，斯为大智。有性气的人，便死也敢；没筋骨的人，便死也软。

闻谤而怒者，谗之囮也；见誉而喜者，佞之媒也。问客写药方，非关多病；闭门听野史，只为偷闲。人不通古今，襟裾马牛；士不晓廉耻，衣冠狗彘。人犯一苟字，便不能振；人犯一俗字，便不可医。

舍近谋远者，劳而无功；舍远谋近者，逸而有终。赏毫厘之善，必有所劝；罚纤芥之恶，必有所阻。栖守道德者，寂寞一时；依阿权势者，凄凉万古。能行不能言，无损其行；能言不能行，不如勿言。巧伪似虹霓，易聚易散；拙诚似厚土，地久天长。木有根则荣，根坏则枯；鱼有水则活，水涸则死。

强辨者饰非，不知过之可改；谦恭者无争，知善之可迁。莫轻视此身，三才在此六尺；莫轻视此生，千古在此一日。亲兄弟折箸，璧合翻作瓜分；士大夫爱钱，书香化为铜臭。贫贱是苦境，能善处者自乐；富贵是乐境，不善处者更苦。齐家先修身，言行不可不慎；读书在明理，识见不可不高。器大自有容，何必过分泾渭；语多则易失，总之勿涉雌黄。

任难任之事，要有力而无气；处难处之人，要有知而无言。任天下之大，立心不可不公；守天下之重，持心不可不敬。秋鸟弄春声，音调未尝有异；今人具古貌，气色便尔不同。人生莫如闲，太闲反生恶业；人生莫如清，太清反类俗情。人胜我无害，彼无蓄怨之心；我胜人非福，恐有不测之祸。与其藏名山，不如悬国门；与其结血成碧，不若呕心为字。遇人痴迷处，出一言提醒之；遇人急难处，出一言解救之。

用功于内者，必于外无所求；饰美于外者，必其中无所有。用人不宜刻，刻则思效者去；交友不宜滥，滥则贡谀者来。闻街谈巷语，句句皆有可听；听舆台皂隶，人人皆有可取。遇欺诈之人，以诚心感动之；遇暴戾之人，以和气薰蒸之。看明世事透，自然不重功名；认得当下真，是以常寻乐地。利一而害百，君子不趋其利；害一而利百，君子不辞其害。落落者难合，一合便不可分；欣欣者易亲，乍亲忽然成怨。眉上几分愁，且去观棋酌酒；心中多少乐，只来种竹浇花。果决人似忙，心中常有余闲；因循人似闲，人中常有余忙。读书贵能疑，疑乃可以启信；读书在有渐，渐乃克底有成。出纳不公平，难得儿孙长育；语言多反复，应知心腹无依。

步步占先者，必有人以挤之；事事争胜者，必有人以挫之。发达虽命定，亦由肯做工夫；福寿虽天生，还是多积阴德。察其所好恶，则其长短可知；观其交游，则其贤不肖可察。凡免我厄者，皆平日可畏人；挤我于险者，皆平日可喜人。

攫金于市者，见金而不见人；剖身藏珠者，爱珠而忘自爱。良马比君子，不在奔逸绝尘；美玉喻佳人，讵独晶光异彩？终日说善言，不如做好一件；终身行善事，须防错了一桩。世路既如此，但有肝胆向人；清议可奈何，曾无口舌造孽？贪而喜诈者，不可与同利害；忍而好胜者，不可与同逸乐。天下无憨人，岂可妄行欺诈；世上皆苦人，何能独享安闲。

田园有真乐，不潇洒终为忙人；诵读有真趣，不玩味终为鄙夫。书画是雅事，一贪痴便成商贾；山林是胜地，一营恋便成市朝。声休要太高，只是人听的便了；事休要做尽，只是人当的便好。人之将疾者，必不甘鱼肉之味；身之将败者，必不纳忠谏之言。

中华圣贤经

了心自了事，犹根拔而草不生；逃世不逃名，似膻存而蚋还集。开口说轻生，临大节决然规避；逢人称知己，即深交究竟平常。花繁柳密处，拨得开才是手段；风狂雨急时，立得定方见脚根。教小儿宜严，严气足以平躁气；待小人宜敬，敬心可以化邪心。居轩冕之中，要有山林的气味；处林泉之下，常怀廊庙的经纶。富贵而劳悴，不若安闲之贫贱；贫贱而骄傲，不若谦恭之富贵。得了便非贫，身外黄金何足羡；能闲即是福，世间白发不相饶。存科名心者，未必有琴书之乐；讲性命学者，不可无经济之才。

积德若为山，九仞头休亏一篑；容人须学海，十分满尚纳百川。才智英敏者，宜以学问摄其躁；气节激昂者，当以德性融其偏。暗里算人者，算的是自家儿孙；空中造谤者，造的是本身罪孽。大丈夫处事，论是非不论祸福；士君子立言，贵平正尤贵精详。图未就之功，不如保已成之业；悔既往之失，不如防将来之非。兄弟相师友，天伦之乐莫大焉；闺门若朝廷，家法之严可知也。习读书之业，便当知读书之乐；存为善之心，不必邀为善之名。

心与竹俱空，问是非何处安脚？貌偕松共瘦，知忧喜无由上眉。心者貌之根，审心而善恶自见；行者心之发，观行而祸福可知。先达笑弹冠，休向侯门轻曳裾；相知犹按剑，莫从世路暗投珠。有非常之人，然后有非常之事；有非常之事，然后有非常之功。一枕卧羲皇，睡起每因黄鸟唤；数椽栖巢许，闲来惟笑白云忙。骐骥之踟蹰，不如驽马之安步；孟贲之狐疑，不如庸夫之必至。惠我者小恩，携我为善者大恩；害我者小仇，引我为不善者大仇。

小人固当远，然亦不可显为仇敌；君子固当亲，然亦不可曲为附和。不患财不得，患财得而不能善用；不患禄不来，患禄来而不能无愧。处草野之日，不可将此身看得小；居廊庙之日，不可将此身看得大。处事宜宽平，而不可有松散之弊；持身贵严厉，而不可有激切之形。

听牧唱樵歌，洗尽五年尘土肠胃；奏繁弦急管，何如一派山水清音。知成之必败，则求成之心不必太坚；知生之必死，则保生之道不必过劳。忧勤是美德，太苦则无以适情怡性；淡泊是高风，太枯则无以济人利物。无事如有事，提防才可弭意外之变；有事如无事，镇定方可消局中之危。会得个中趣，五湖之烟月尽入寸里；破得眼前机，千古之英雄尽归掌握。事到全美处，怨我者不能开指摘之端；行到至污处，爱我者不能施爱护之法。

处富贵之时，要知贫贱的痛痒；值少壮之日，须念衰老的辛酸；入安乐之场，当体患难人景况；居旁观之地，要谅局内人苦心。

能知足则常足，故富；能脱俗则不俗，故贵。伐木不自其本，必复生；塞水不自其源，必复流；灭祸不自其基，必复乱。

无事失措仓皇，光如闪电；有难怡然不动，安若泰山。内臣之奴易使，只靠鞭挞；寡妇之子难训，多因姑息。爱是万缘之根，当知割舍；识是众欲之本，要力扫除。爱我者之言恕，恕故匿非；憎我者之言刻，刻必当罪。

凡事谨守规模，必不大错；一生但足衣食，便称小康。读书志在圣贤，非徒科第；为官心存君国，岂计身家。长思贫难危困，自然不骄；每想患病熬煎，可免愁闷。强不知以为知，此乃大愚；本无事而生事，是谓薄福。但是当做的事，切莫畏难；任是难做的事，只要耐烦。车尘马足之下，露出丑形，深山穷谷之中，剩些真影。处事迟而不急，大器晚成；知机决而能藏，高才早发。从极迷处识迷，则到处醒；将难放怀一放，则万境宽。凡为外所胜者，皆内不足；凡为邪所夺者，皆正不足。

富家惯习骄奢，最难教子；寒士欲谋生活，还是读书。君子宁人负己，己无负人；小人宁己负人，无人负己。君子得位则昌，失位则良；小人得位则横，失位则丧。讲学不尚躬行，为口头禅；立业不思种德，如眼前花。见色而起淫心，报在妻女；匿怨而用暗箭，祸延子孙。居处必先精勤，乃能闲暇；凡事务求停妥，然后逍遥。忧疑杯底弓蛇，双眉且展；得失梦中蕉鹿，两脚空忙。义利辨以小心，须严一介；是非起于多口，务谨三缄。与多疑人共事，事必不成；与好利人共事，己必受累。欲人之爱己也，必先爱人；欲人之从己也，必先从人。知其善而守之，锦上添花；知其恶而弗为，祸转为福！先达之人

可尊，不可比媚；权势之人可远，不可侮漫。喜怒不择轻重，一事无成；笑骂不审是非，知交断绝。

万般好事说为，终日不为；百种贪心要足，何时是足？四海和平之福，只在随缘；一生牵惹之劳，止因好事。人欲自见其形，必资明镜；君欲自知其过，必待忠臣。只是心不放肆，便无过差；只是心不怠忽，便无遗忘。

小善虽无大益，而不可不为；细恶虽无近祸，而不可不去。龙有蛇之一鳞，不害其为灵；玉有石之一脉，不害其为宝。肯救人坑坎中，便是活菩萨；能脱身牢笼外，便是大英雄。事穷势蹙之人，当原其初心；功成行满之士，要观其末路。

泰山不让土壤，故能成其大；河海不择细流，故能就其深。天下可爱的人，都是可怜人；天下可恶的人，都是可惜人。乌鸢之卵不毁，而后凤凰集；诽谤之罪不诛，而后良言进。执狐疑之心者，来谗贼之口；持不断之意者，开群枉之门。

与人共其乐者，人必忧其忧；与人同其安者，人必拯其危。与民共其乐者，人必忧其忧；与民同其安者，人必拯其危。佞佛若可忏罪，则刑官无权；寻仙可以延年，则上帝无主。一身之元气足，则外邪不侵；一家之元气足，则外侮不陵。绝好看的戏场，姊妹们变脸；最可笑的世事，朋友家的结盟。肥辛甘非真味，真味只是淡；神奇卓异非至人，至人只是常。

放得俗人心下，方可为丈夫；放得丈夫心下，方名为仙佛；放得仙佛心下，方名为得道。

得意不必人知，兴来书自圣；纵口何关世议，醉后语犹颠。聪明用于正路，愈聪明愈好；聪明用于邪路，愈聪明愈谬。处世不必邀功，无过便是功；与人不求感德，无怨便是德。少年人要心忙，忙则摄浮气；老年人要心闲，闲则乐余年。

声妓晚景从良，一世之胭花无碍；贞妇白头失守，半生之清苦俱非。败德之事非一，而酗酒者德必败；伤生之事非一，而好色者生必伤。有不可及之志，必有不可及之功；有不忍言之心，必有不忍言之祸。天地间真滋味，惟静者能尝得出；天地间真机括，惟静者能看得透。

手段不可太阔，太阔则填塞难完；头绪不可太繁，太繁则照管不到。芝兰生于幽林，不以无人而不芳；君子修道立德，不以穷困而改节。喜时说尽知心，到失欢须防发泄；恼时说尽伤心，恐再好自觉羞惭。

任他极有见识，看得假认不得真；随你极有聪明，卖得巧藏不得拙。人生顺境难得，独思从愿之汉珠；世间尤物易倾，谁执击人之如意？奢侈足以败家，悭吝亦足以败家；庸愚足以覆事，精明亦足以覆事。心地上无风涛，随在皆青山绿水，性天中有化育，触处见鱼跃鸢飞。非尽百家之美，不能成一人之奇；非取法至高之境，不能开独造之域。

交朋友增体面，不如交朋友益身心；教子弟求显荣，不如教子弟品行。威仪养得定了，才有脱略便害羞报；放肆惯得久了，才入礼群便害拘束。只一事不留心，便有一事不得其理；只一物不留心，便有一物不得其所。

众口哓哓之时，多一句不如少一句；众目眈眈之地，进一步不如退一步。倚才高而玩世，背后须防射影之虫；饰厚貌以欺人，面前恐有照胆之镜。抱着一段喜神，只觉世无可恶之人；含着一腔生意，惟愿人无不遂之事。恩里由来生害，故快意时须早回首；败后或反成功，故拂心处莫便放手。平居寡欲养身，临大节则达生委命；治家量入为出，干好事则仗义轻财。

人生境遇无常，须自谋取一吃饭本领；人生光阴易逝，要早定一成器日期。是技皆可成名，天下惟无技之人最苦；片技即足自立，天下惟多技之人最劳。争先的经路窄，退后一步自宽平一步；浓艳的滋味短，清淡一分自悠长一分。大人不可不畏，畏大人则无放逸之心；小民不可不畏，畏小民则无豪横之名。

奸人诈而好名，他行事有确似君子处；迂人执而不化，其决裂有甚于小人时。人皆欲会说话，苏秦乃因会说而杀身；人皆欲多积财，石崇乃因多积财而丧命。声应气求之夫，决不在于寻行数墨之士；风行水上之文，决不在于一字一句之奇。

一出而不可反者，言也；一见而不可得掩者，行也。势可为恶而不为，即是善；力可行善而不行，即是恶。

说不尽山水好景，但付沉吟；当不起世态炎凉，惟有闭户。小人专望受人恩，受过辄忘；君子不轻受人恩，受则必报。李广有射虎之威，到老无封；冯夷有乘龙之才，一生不遇。对痴人莫说梦话，防所误也；见短人莫说矮话，避所忌也。

才子安心草舍者，足登玉堂；佳人适意蓬门者，堪贮金屋。古今来许多世家，无非积德；天地间第一人品，还是读书。贵人之交贫士也，骄色易露；贫士之交贵人也，傲骨当存。富贵家不肯从宽，必遭横祸；聪明人不肯学厚，必夭天年。好面上灸个疤儿，一生带破；白衣上点些墨儿，一生带涴。有书癖而无剪裁，徒号书厨；惟名饮而少酝藉，终非名饮。

遇嘿嘿不语之士，切莫输心；见悻悻自好之徒，应须防口。在家者不知有官，方能守分；在官者不知有家，方能尽分。论人当节取其长，曲谅其短；做事必先审其害，后计其利。知往日所行之非，则学日进；见世人可取者多，则德日进。

完得心上之本来，方可言了心；尽得世间之常道，才堪论出世。君子事上忠以敬，接下谦以和；小人事上谄以媚，待下傲以忽。君子独立而持正，故助之者鲜；小人挟党以济私，故从之者多。

听其言必观其行，是取人之道；师其言不问其行，是取善之方。融得性情上偏私，便是大学问；消得家庭中嫌隙，便是大经纶。攻人之恶毋太严，要思其堪受；教人以善毋过高，当使其可从。把意念沉潜得下，何理不可得；把志气奋发得起，何事不可为。把自己太看高了，便不能长进；把自己太看低了，便不能振兴。

不镜于水镜于人，则吉凶可鉴；不蹶于山蹶于垤，则细微宜防。待小人不难于严，而难于不恶；待君子不难于恭，而难于有礼。处人不可任己意，要悉人之情；处事不可任己见，要悉事之理。不可以一时之誉，断其为君子；不可以一时之谤，断其为小人。现在之福如点灯，随点则随竭；将来之福如添油，愈添则愈明。施在我有余之惠，则可以广德；留在人不尽之情，则可以全交。行坦途者肆而忽，故疾走则蹶；行险途者畏而惧，故徐步则不跌。

大恶多从柔处伏，须防绵里之针；深仇常自爱中来，宜防刀头之蜜。待有余而后济人，必无济人之日；待有暇而后读书，必无读书之时。处大事不辞劳怨，堪为栋梁之材；遇小故辄避嫌疑，岂是腹心之寄。弗以见小为守成，惹祸破家难免；莫认惜福为悭吝，轻财仗义尽多。

过刚者图谋易就，灾伤岂保全元；太柔者作事难成，平福亦能安受。议事者身在事外，宜悉利害之情；任事者身居事中，当忘利害之虑。一池荷叶衣无尽，翻骄锦绣纂组；数亩松花食有馀，绝胜钟鸣鼎食。兴来醉倒落花前，天地即为衾枕；机息坐忘盘石上，古今尽属蜉蝣。责人重而责己轻，弗与同谋共事；功归人而过归己，尽堪救患扶灾。

木食草衣元本性，非关泉石膏肓；绿肥红瘦漫批评，总是风流罪过。宽怀自解是良方，忿怒伤心染恙；有涵有养寿延长，稳纳一生福量。家徒四壁不为贫，知是诗书窘我；一掷千金浑是胆，不免英雄笑人。

人生惟酒色机关，须百炼此身成铁汉；世上有是非门户，要三缄其口学金人。芳菲园林看蜂忙，觑破几般尘情世态；寂寞衡茅观燕寝，引起一种冷趣幽思。处世让一步为高，退步即进步的张本；待人宽一分是福，利人实利己的根基。要自考品行高下，但看所亲者何如人；要预知子孙盛衰，但思所行者何等事。一段不为的气节，是撑天立地之柱石；一点不忍的念头，是生民育物之根芽。

欲临死而无挂碍，先在生时事事看得轻；欲遇变而无仓忙，须向常时念念守得定。人一心先无主宰，如何整理得一身正当；人一身先无规矩，如何调剂得一家肃穆。使人有面前之誉，不若使人无背后之毁；使人有乍交之欢，不若使人无久处之厌。世风之狡诈多端，到底忠厚人颠扑不破；末俗以繁华相尚，终觉冷淡处趣味弥长。

持身不可太皎洁，一切污辱垢秽要茹纳得；处世不可太分明，一切贤愚好丑要包容得。多躁无沉潜之识，多畏无卓越之见，多欲无慷慨之节，多言无笃实之心，多勇无文学之雅。

我果为洪炉大冶，何患顽金钝铁之不可陶熔；我果为巨海长江，何患横流污渎之不能容纳。我不识何等为君子，但看每事肯吃亏的便是；我不识何等为小人，但看每事好便宜的便是。

脱一厌字如释重负；带一恋字如担枷锁。为令者由近而及远，行罚者先亲而后疏。为学不外静敬二字，教人先去骄惰二字。稳当话即是平常话，本分人便是快活人。顽石之中良玉隐焉，寒灰之中星火寓焉。

辱人以不堪必反辱，伤人以已甚必反伤。仁者不以盛衰改节，义者不以存亡易心。千金难结一时之欢，一饭竟致终身之感。清贫乃读书人顺境，节俭即种田人丰年。清其流者必洁其源，正其末者须端其本。

身劳而心安者为之，利少而义多者为之。心事不可使人不知，才华不可使人易知。牛骥以并驾而俱疲，工拙以混吹而莫辨。趋捷径者不问大路，喜佞言者不亲正人。曲高每生寡和之嫌，眉修多取入宫之妒。日日行不怕千万里，常常做不怕千万事。士必以诗书为性命，人须从孝悌立根基。恃力者忽逢真敌手，恃势者忽逢大对头。人性中不曾缺一物，人性上不可添一物。善不积不足以成名，恶不积不足以灭身。善弓者师弓不师羿；善舟者师舟不师奡。善战者必以守为战，善守者必以战为守。

身不正，不足以服；言不诚，不足以动。涉世浅，点染亦浅；历事深，机械亦深。上乐施，则下益宽；上亲贤，则下择友。

人之恩可念不可忘，人之仇可忘不可念。事业文章随身消毁，功名富贵逐世转移。书不必起仲尼之门，药不必出扁鹊之方。岁不寒无以知松柏，事不难无以知君子。岁寒乃见松柏本色，事险方显朋友伪贤。天下无不好谀之人；世间尽是善毁之辈。天下无不是底父母，世间最难得者兄弟。

勿以小恶弃人大美，勿以小怨忘人大恩。勿因群疑而阻独见，勿任己意而废人言勿偏信而为奸所欺，勿自任而为气所使。勿吐无益身心之语，勿为无益身心之事。

智者不为非其所为，廉者不为非其所有。褚小者不可以怀大，绠短者不可以汲深。自奉必减几分方好，处世能退一步为高。自以为不足则日益，自以为有余则日损。

小疵不足以损大器，短疾不足以累长才。小人乐闻君子之过，君子耻闻小人之恶。心不清则无以见道，志不确则无以立功。习见善则安于为善，习见恶则安于为恶。

衣食足而后廉耻兴，财物阜而后礼乐作。以退为守则守不足，以进为守则守有余。一字不可以轻与人，一言不可以轻许人。墉基不可仓卒而成，戚名不可一朝而立。忧先于事故能无忧，事至而忧无救于事。欲信人者必先自信，欲知人者必先自知。遇事之易者未足喜，遇事之难者未足忧。

载哀者闻歌声而泣，载乐者闻哭声而笑。友偏天下英杰人士，读尽人间未见之书。有大谋者不问其短，有厚德者不非小疵。爱亲者不敢恶于人，敬亲者不敢慢于人。

不当家不知柴米贵，不养子不知父母恩。东面望者不见西墙，南乡视者不睹北方。才不称不可据其位，职不称不可食其禄。

恶莫大于毁人之善，德莫大于白人之冤。恶莫大于纵己之欲，祸莫大于言人之非。官能清则冤抑渐消，吏能廉则风俗自厚。耳中常有逆耳之言，心中常有拂心之事。怀重宝者不以夜行，任大功者不以轻敌。存养宜冲粹近春温，省察宜谨严近秋肃。

草茅弗去则害禾谷，盗贼弗诛则伤良民。朝无争臣则不知过，国无达士则不闻善。过时而赏与无赏同，后事而罚与不罚同。花盆里长不出苍松，鸟笼里飞不出雄鹰。厚者不毁人以自益，仁者不危人以要名。

和氏之璧不能无瑕，隋侯之珠不能无颣。和氏之璧源于璞石，隋氏之珠产于蜃蛤。机之未至不可以先，机之已至不可以后。德不广不能使人来，量不宏不能使人安。德不优者不能怀远，才不大者不能博见。登峻者戒在于穷高，济深者祸生于舟重。

浮言可以事久而明，众嚣可以时久而息。苟得其人不患贫贱，苟得其材不嫌名迹。竭诚则吴越为一体，傲物则骨肉为行路。举所美必观其所终，废所恶必计其所穷。交友须带三分侠气，做人要存一点素心。力弱者勿任其厚负，才卑者勿尸其隆位。立身高一步方超达，处世退一步方安乐。阔论高谈者若善谋，轻举妄动者若敢为。来而不可失者时也，蹈而不可失者机也。

论至德者不和于俗，成大功者不谋于众。论大功者不录小过，举大美者不疵细瑕。论其艺而不论其文，量其才而不拘资格。良将不怯死以苟免，烈士不毁节以求生。两喜必多溢美之言，两怒必多溢恶之言。临利而后可以见信，临财而后可以见仁。略己而责人者不治，自厚而薄人者弃废。

因敌之害见我之利，因敌之利见我之害。志不可有一日之坠，心不可有一日之放。志士不饮盗泉之水，廉者不受嗟来之食。目不淫于炫耀之色，耳不乱于阿谀之辞。目有昧则视白为黑，心有蔽则以薄为厚。

能行之者未必能言，能言之者未必能行。君子好闻过而无过，小人恶闻过而有过。处世以忠厚人为法，传家得勤俭意便佳。最难处是书生落魄，最可怜是浪子白头。蕙兰不采无异蓬蒿，干将不试世比铅刀。饥寒困苦福将至已，饱饫宴游祸将生焉。

无病之身不知其乐，病生始知无病之乐；无事之家不知其福，事至始知无事之福。梧禽不与鸱枭同枝，麟虞不与豺狼连群，清源不与浊潦混流，仁明不与凶暗同处。安详是处事第一法，谦退是保身第一法，涵容是处人第一法，洒脱是养心第一法。

处难处之事愈宜宽，处难处之人愈宜厚，处至急之事愈宜缓，处至大之事愈宜平，处疑难之际愈宜无意。言语知节则愆尤少，举动知节则悔吝少，爱慕知节则营求少，欢乐知节则祸败少，饮食知节则疾病少。放言当矫之以缄默，好动当矫之以镇静，粗率当矫之以细密，躁急当矫之以和缓，怠惰当矫之以精勤，刚暴当矫之以温柔，浅露当矫之以沉潜，溪刻当矫之以浑厚。护体面不如重廉耻，求医药不如养性情，立党羽不如昭信义，作威福不如笃至诚，多言语不如慎隐微，博声名不如正心术，恣豪华不如乐名教，广田宅不如教义方。

致天下之治者在人才，成天下之才者在教化。做人无成心便带福气，做事有结果亦是寿征。器必试而后知其钝利，马必驾而后知其驽良。人生至愚是恶闻已过，人生至恶是善谈人过。人前做得出的方可说，人前说得出的方可做。人有百折不回之真心，才有万变不穷之妙用。善操理者不能有全功，善处身者不能无过失。善相马者天下无弃马，善相士者天下无弃材。

天地不可一日无和气，人心不可一日无喜神。事有便宜而不拘常制，谋有奇诡而不循众情。惟诚可以破天下之伪，惟实可以破天下之虚。战不必胜不可以言战，攻不必拔不可以言攻。效小节者不能行大威，恶小耻者不能立荣名。毋以己长而形人之短，毋以己拙而忌人之能。勿恃势力而凌逼孤寡；毋贪口腹而恣杀生禽。

以耐事了天下之多事，以无心息天下之争心。以言伤人者利如刀斧，以术害人者毒如虎狼。真放肆不在钦酒高歌，假矜持偏于大庭卖弄。德有余而为不足者谦，财有余而为不足者鄙。苦心中常得悦心之趣，得意时便生失意之悲。

君子有勇而无义为乱，小人有勇而无义为盗。江海不与坎井争其清，雷霆不与蛙蚓斗其声。谨德须谨于至微之事，施恩务施于不报之人。独视不若与众视之明，独听不若与众听之聪。

班翟不能削石作芒针，欧冶不能铸铅作干将。奔骥不能及既往之失，千金不能救斯言之玷。博其施者未若防其微，勤其求者不如寡其辞。不必于世事件件皆能，惟求与古人心心相印。不临难不见忠臣之心，不趋利不知义士之节。处大事贵乎明尔能断，处难事贵乎通而能变。好便宜者不可与共财，多狐疑者不可与共事。

福善之门莫美于和睦，患咎之首莫大于内离。盖棺始能定士之贤愚，临事始能见人之操守。费长房缩不尽相思地，女娲氏补不完离恨天。处明者不见暗中一物，处暗者能见明中区事。

聪明二字不可以自许，慷慨二字不可以望人。存在得道而不在于大，亡在失道而不在于小。心术不可得罪于天地，言行要留好样与儿孙。一念收敛则万善来同，一念放恣则百邪乘衅。玉可碎但不可损其白，竹可破但不可毁其节。

善攻者不尽兵以攻坚城，善守者不尽兵以守敌冲。世有雷同之誉而未必贤；俗有谨哗之毁而未必恶。世间万物尽是心上浮尘，草草劳生终是一团烦恼。

蛟龙待得水而后立其神，人主待得民而后成其威。能用众力则无敌于天下，能用众智则无畏于圣人。勉强为善胜与因循为恶，多言获利不如默而无害。待己当从无过中求有过，待人当子有过中求无过。知之真切笃实处即是行，行之明觉精察处即是知。无事时埋藏着许多小人，多事时识破了许多君子。

挑耳则栋梁不如鹪鹩之羽，缝缉则长剑不及数寸之针。金有一分铜铁之杂，则不精；德有一毫人伪之杂，则不纯。见富贵而生谄容者，最可耻；遇贫穷而作骄态者，贱莫甚。见摄生者而问长生，谓之大愚；见卜者而问吉凶，谓之大惑。石火光中争长竞短，几何光阴？蜗牛角上较雌论雄，许大世界？

人能以明霞视美色，则业障自轻；人能以流水听弦歌，则性灵何害。心事无不可对人语，则梦寐俱清；行事无不可使人见，则饮食俱健。天下无不可化之人，但恐诚心未至；天下无不可为之事，只怕立志不坚。

居家为妇女们爱怜，朋友必多怒色；做官为左右人欢喜，百姓定有怨声。点破无稽不根之论，只须冷语半言；看透阴阳颠倒之行，惟此冷眼一双。防欲如挽逆水之舟，才歇力便下流；力善如缘无枝之树，才住脚便下坠。充一个公己公人心，便是吴越一家；任一个自私自利心，便是父子仇仇。宁守浑噩而黜聪明，留些正气还天地；宁谢纷华而甘淡泊，遗个清名在乾坤。当乐境而不能享者，毕竟是薄福之人；当苦境而反觉甘者，方才是真修之士。愁烦中具潇洒襟怀，满抱皆春风和气；暗昧处见光明世界，此心即白日青天。

置其身于是非之外，而后可以折是非之中；置其身于利害之外，而后可以观利害之变。怪小人之颠倒豪杰，不知惯颠倒方为小人；惜吾辈之受世折磨，不知惟折磨乃见吾辈。胸中即无半点物欲，已如雪消炉焰冰消日；眼前自有一段空明，时见月在青天影在波。费千金而结纳势豪，孰若倾半瓢之粟以济饥饿；构万楹而招徕宾客，何如茸数椽之屋以庇孤寒。

以巧得者不肯以拙守，巧过则失；以力进者不肯以谦退，力穷则坠。仇莫深于不体人之私，而又苦之；祸莫大于不讳人之短，而又讦之。以积货财之心积学问，则盛德日新；以爱妻子之心爱父母，则孝行自笃。为文而欲一世之人好，吾悲其为文；为人而欲一世之人好，吾悲其为人。能自爱者未必能成人，自欺者必罔人；能自俭者未必能周人，自忍者必害人。人能充无欲害人之心，而仁不可胜用；人能充无穿逾之心，而义不可胜用。贫贱时眼中不著富贵，他日得志必不骄；富贵时意中不忘贫贱，一旦退休必不怨。

无事便思有闲杂念头否，有事便思有粗浮意气否；得意便思有骄矜辞色否，失意便思有怨望情怀否。善学者得鱼忘筌，不善学者刻舟求剑。能忍所不能忍则胜，能容所不能容则过人。

欲刚，必以柔守之；欲强，必以弱保之。知足者，贫贱亦乐；不知足者，富贵亦忧。其身正，不令而行；其身不正，虽令不从。以信接人，天下信之；不以信接人，妻子疑之。女无美恶，入宫见妒；士无贤不肖，入朝见疑。

贫贱时，累心少，宜学道；富贵时，施予易，宜济人。教人易，治己难；出口易，躬行难；奋始易，克终难。读书好，耕田好，学好便好；创业难，守成难，知难不难。心要常操，身要常劳；心愈操愈精明，身愈劳愈强健。

龙津一剑，尚作合于风雷；胸中数万甲兵，宁终老牖下？屋无梁则拆，田无水则裂，灯无油则灭，家无好人则绝。志行万里者，不中道而辍足；图四海者，匪怀细而害大。善御者不忘其马，善射者不忘其弓，善为上者不忘其下。贫家净扫地，贫女净梳头；景色虽不艳丽，气度自是风雅。

知过之为过者，恐惧不敢为；不知过之为过者，杀身而后已。为子孙作富贵计者，十败其九；为人作善方便者，其后受惠。

事到手，且莫急，便要缓缓想；想得时，切莫缓，便要急急行。忮求念胜，图名利，到底逊人；恻隐心多，遇艰难，中途获救。欲不除，如蛾扑灯，焚身乃止；贪无了，如猩嗜酒，鞭血方休。

乘人之车者载人之患，衣人之衣者怀人之忧，食人之食者死人之事。久视则熟字不识，注视则静物若动，蓄疑者乱真知，过思者迷正应。

饱肥甘，衣轻暖，不知节者损福；广积聚，骄富贵，不知止者杀身。举事而不时，力虽尽，其功不成；刑赏不当，断斩虽多，其暴不禁。人好刚，我以柔胜之；人用术，我以诚感之；人使气，我以理屈之。

良医者，常治无病之病，故无病；圣人者，常治无患之患，故无患。善者，一日不教，则失而入于恶；恶者，勤而教之，则可使至于善。木秀于林，风必摧之；堆出于岸，流必湍之；行高于人，众比非之。

能媚我者必能害我，宜加意防之；肯规予者必肯助予，宜倾心听之。鸟栖高枝，弹射难加；鱼潜深渊，网钓不及；士隐岩穴，祸患焉至。居视其所亲，富视其所与，达视其所举，穷视其所不为，贫视其所不取。家门和顺，虽饔飧不济，亦有余欢；国课早完，即囊橐无余，自得至乐。打透生死关，生来也罢，死来也罢；参破名利场，得了也好，失了也好。

以俭胜贫，贫忘；以施代侈，侈化；以省去累，累消；以逆炼心，心定。秋虫春鸟共畅天机，何必浪生悲喜；老树新花同含生意，胡为妄别媸妍。过去事丢得一节是一节，现在事了得一节是一节，未来事省得一节是一节。

生而不知学，与不生同；学而不知道，与不学同；知而不能行，与不知同。求人之失，虽小而可恕，谓重如泰山；身行不义，虽人大恶，谓轻于鸿毛。世人皆醒时作浊事，安得睡时有清身？若欲睡时得清身，须于醒时有清意。破绽处，多从周旋处见；指摘处，多从爱护处见；艰难处，多从贪恋处见。言语之恶，莫大于造诬；行事之恶，莫大于苛刻；心术之恶，莫大于深险。

无事时，常照管此心，兢兢然若有事；有事时，却放下此心，坦坦然若无事。治身养性，务谨其细，不可以小益为不平而不修，不可以小损为无伤而不防。

正人之言，明知其为我，感而未必悦；邪人之言，明知其佞我，笑而未必怒。逸态闲情，惟期自尚，何事处修边幅；清标傲骨，不愿人怜，无劳多买胭脂。我如为善，虽一介寒士，有人服其德；我如为恶，虽位极人臣，有人议其过。山径幽深，十里长松引路，不借金张；俗态纠缠，一编残卷疗人，何须卢扁。

贫贱骄人，虽涉虚矫，还有几分侠气；奸雄欺世，纵似挥霍，全没半点真心。贫富之交，可以情谅，鲍子所以让金；贵贱之间，易以势移，管宁所以割席。情尘既尽，心镜遂明，外影何如内照；幻泡一消，性珠自朗，世瑶原是家珍。

千里之骓，不逢善驭，居于驽骀之乘；千金之璧，不遇玉人，混于块石之间。论人之非，当原其心，不可徒泥其迹；取人之善，当据其迹，不必深究其心。济急拯危，亦有时乎贫乏，福自天来；解纷排难，恐亦涉乎图圄，名扬海内。富贵家宜宽厚，而反忌克，如何能享；聪明人宜敛藏，而反炫耀，如何不败。苍蝇附骥，捷则捷矣，难辞处后之羞；茑萝依松，高则高矣，未免仰扳之耻。

处父兄骨肉之变，宜从容，不宜激烈；遇朋友交游之失，宜剀切，不宜优游。能分人之兵，疑人之心，则锱铢有余；不能分人之兵，疑人之心，则数倍不足。事至而生虑者，谓之后，后则事不举；患至而后虑者，谓之困，困则祸不可御。

心一松散，万事不可收拾；心一疏忽，万事不入耳目；心一执著，万事不得自然。以是为非，以非为是者强辩，足以惑众；以无为有，以有为无者便僻，足以媚人。小人亦有好处，不可恶其人，并没其是；君子亦有过差，不可好其人，并饰其非。我争者，人必争，虽极力争之，未必得；我让者，人必让，虽极力让之，未必失。小人诈而巧，似是而非，故人悦之者众；君子诚而拙，似迂而直，故人知之者寡。

勿自足，自足自尽；勿多言，多言多失；勿宴安，宴安气惰；勿玩物，玩物自溺。风斜雨急处，要立得脚定；花浓柳艳处，要著得眼高；路危径险处，要回得头早。功之成，非成于成之日，盖必有所由起；祸之作，不作于作之日，亦必有所由兆。

白玉度尺，虽有十仞之土，不能掩其光；良珠度寸，虽有百仞之水，不能掩其辉。春鸟秋蛩，悲喜异调，实非变韵于宫商；古树新花，开落同情，却似争怜于脂粉。观操节，在利害时；观精力，在饥疲时；观度量，在喜怒时；观镇定，在震惊时。耳目口鼻，位置不正，尚来指视之纠弹；意志心知，穿引多端，可无隐微之谴责？

轻听发言，安知非人之谮诉，当忍耐三思；因事相争，焉知非我之不是，须平心暗想。事稍拂逆，便思不如我的人，则怨尤自消；心稍骄泰，便思胜似我的人，则精神自敛。人生领趣最难，雪月风花之外，别有玄妙；人生相遇最巧，趋承凑合之内，别有精神。

事当难处之时，只让退一步，便容易处矣；功到将成之候，若放松一着，便不能成矣。小人处事，于利合者为利，于利背者为害；君子处事，于义合者为利，于义背者为害。

小人只怕他有才，有才以济之，流害无穷；君子只怕他无才，无才以行之，虽贤何补。存一点天理心，不必责效于后，子孙赖之；说几句阴骘话，纵未尽施于人，鬼神鉴之。都来眼前事，知足者仙境，不知足者凡境；总出世上因，善用者生机，不善用者杀机。

横逆困穷，直从起处讨由来，则怨尤自息；功名富贵，还向灭时观究竟，则贪恋自轻。居绮城不如居陋巷，见闻虽鄙，耳目自清；赋长言不如赋短曲，口舌太烦，语言无味。举止不失其常，非贵亦须大富，寿可知矣；喜怒不形于色，成名还立大功，奸亦有之。

于天理汲汲者，于人欲必淡；于私事耽耽者，于公务必疏；

于虚文熠熠者，于本实必薄。万夫之气，有怯于一士之激；千虑之计，有劣于一虑之得；百艺之能，有粗于一技之习。

当得意时，须寻一条退路，然后不死于安乐；当失意时，须寻一条出路，然后可生于忧患。富贵是无情之物，你看得他重，他害你越大；贫穷是耐久之交，你处得他好，他益你反深。名利是缰锁，牵缠时，逆则生憎，顺则生爱；富贵如浮云，觑破了，得亦不喜，失亦不忧。

木有所养，则根本固而枝叶茂，栋梁之材生；水有所养，则泉源壮而流派长，灌溉之利博。人作事极不可迁滞，不可反复，不可烦碎；代人作事又极要耐得迁滞，耐得反复，耐得烦碎。

求已败之事者，如驭临崖之马，休轻策一鞭；图垂成之功者，如挽上滩之舟，莫少停一棹。身不宜忙，而忙于闲暇之时，亦可儆惕惰气；心不可放，而放于收摄之后，亦可鼓畅天机。

时未可而进，谓之躁，躁则事不审而上必疑；时可进而不进，谓之缓，缓则事不及而上必违。为善如负重登山，志虽已确，而力犹恐不及；为恶如乘马走坡，虽不鞭策，而足亦不能制。自家有好处，要掩藏几分，这是涵育以养深；别人不好处，要掩藏几分，这是浑厚以养大。一字不识，而多诗意；一偈不参，而多禅意；一勺不濡，而多酒意；一石不晓，而多画意。千斤之石，置之立坂之上，一力可以落九仞；万斛之舟，溯于急流之中，片帆可以去千里。患难中能守者，若读书，可作朝廷柱石之臣；安乐中若忘者，纵低才，岂非金榜青云之客。子孙亦是众生，顾恋不可太深，责备不可太重；兄弟原同一体，事亲便至相让，分财便至相争。宁无事而家贫，莫有事而家富；宁无事而住茅屋，莫有事而住金屋；宁无病而食粗饭，莫有病而食良药。

出薄言、做薄事、存薄心，种种皆薄，未免灾及其身；设阴谋、积阴私、伤阴骘，事事皆阴，自然殃流后代。官行私曲失时悔，富不俭用贫时悔，艺不少精过时悔，见事不学用时悔，醉后狂言醒时悔，安不将息病时悔。默默默，无限神仙从此得；饶饶饶，千灾万祸一齐消；忍忍忍，债主冤家从此尽；休休休，盖世功名不自由。

急不急之辨，不如养默；处不切之事，不如养静；助不直之举，不如养正；恣不禁之费，不如养福；好不情之察，不如养度；走不实之名，不如养晦；近不祥之人，不如养愚。

宽厚之人，吾师以养量；缜密之人，吾师以炼识；慈惠之人，吾师以御下；俭约之人，吾师以居家；明通之人，吾师以生慧；质朴之人，吾师以藏拙；才智之人，吾师以应变；缄默之人，吾师以存神；谦恭善下之人，吾师以亲师友；博学强识之人，吾师以广见闻。

立言者，未必即成千古之业，吾取其有千古之心；好客者，未必即尽四海之交，吾取其有四海之愿。

能知足，受享人生千万福；能读书，荣得科名成大儒；能孝亲，尔子承欢照样行；能教子，后代兴隆全在此；能勤俭，合家饱暖无嗟怨；能谦和，遍地人欢乐事多；能节欲，延年却病精神足；能安分，得失穷通都不问；能忍耐，作个懦夫无祸害；能谨言，是非争讼不牵连。能知足者，天不能贫；能无求者，天不能贱；能外形骸者，天不能病；能不贪生者，天不能死；能随遇而安者，天不能困；能造就人才者，天不能孤。

贫不足羞，可羞是贫而无志；贱不足恶，可恶是贱而无能；老不足叹，可叹是老而无成；死不足悲，可悲是死而无补。弄绿绮之琴，焉得文君之听；濡彩毫之笔，难描京兆之眉；瞻云望月，无非凄怆之声；弄柳拈花，尽是销魂之处。

天下最有受用，是一闲字，然闲字要从勤中得来；天下最讨便宜，是一勤字，然勤字要从闲中做出。清闲无事，坐卧随心，虽粗衣淡饭，但觉一尘不淡；忧患缠身，繁扰奔忙，虽锦衣厚味，只觉万状苦愁。世俗烦恼处，要耐得下；世事纷扰处，要闲得下；胸怀牵缠处，要割得下；境地浓艳处，要淡得下；意气忿怒处，要降得下。

事后而议人得失，吹毛索垢，不肯丝毫放宽，试思己当其局未必能效彼万一；旁观而论人短长，抉隐摘微，不留些须余地，试思己受其毁，未必能安意顺承。

行善之人，如春园之草，不见其长而日有所增；行恶之人，如磨刀之石，不见其损而日有所亏。以看世之青白眼，转而看书，则圣贤之真见识；以论人之雌黄口，转而论史，则左狐之真是非。遇事只一味镇定从容，虽纷若乱丝，终当就绪；

待人无半毫矫伪欺诈，纵狡如山鬼，亦自献诚。有志者、事竟成，破釜沉舟、百二秦关终归楚；苦心人、天不负，卧薪尝胆、三千越甲可吞吴。居逆境中，周身皆针砭药石，砥节砺行而不觉；处顺境中，眼前尽兵刃戈矛，销膏靡骨而不知。

讳贫者，死于贫，胜心使之也；讳病者，死于病，畏心蔽之也；讳愚者，死于愚，痴心覆之也。

居卑而后知登高之为危，处晦而后知向明之太露，守静而后知好动之过劳，养默而后知多言之为躁。事有急之不白者，宽之或自明，毋躁急以速其忿；人有切之不从者，纵之或自化，毋操切以益其顽。知足与自满不同，一则谦而获福，一则矜而受灾；大智与狂才自别，一则实而有成，一则妄而多败。

与邪佞人交，如雪入墨池，虽融为水，其色愈污；与端方人处，如炭入薰炉，虽化为灰，其香不灭。无财非贫，无学乃为贫；无位非贱，无耻乃为贱；无年非夭，无述乃为夭；无子非孤，无德乃为孤。心体澄彻，常在明镜止水之中，则天下自无可厌之事；意气和平，赏在丽日光风之内，则天下自无可恶之人。

至强非甲兵，克己自胜强之至；至贵非轩冕，清心养性贵之至；至富非金玉，安分止足富之至；至寿非千岁，知死生之说寿之至。与梅同瘦，与竹同清，与柳同眠，与桃李同笑，居然花里神仙；与莺同声，与燕同语，与鹤同唳，与鹦鹉同言，如此话中知己。

A

⊙哀哀父母，生我劬劳。

语意：可怜我的父母，为养育我而付出了许多辛劳。

简释：哀哀：悲怜、痛惜。劬：劳苦。

语出《诗经·蓼莪》。

⊙哀乐失时，殃咎必至。

语意：如果悲哀或欢乐不合时宜的话，灾祸一定会到来。

语出（春秋）左丘明《左传·庄公二十年》。

⊙捱不过底事，莫如早行；悔无及之言，何似休说。

语意：拖延不过的事情，不如早点做；来不及后悔的话，不如不说。

简释：捱：指拖延。底：的。

语出（明）吕坤《呻吟语》。

⊙矮板凳，且坐着；好光阴，莫错过。

语意：矮板凳，暂且坐着，总会等到自己一展身手的时候；大好光阴，不能让它白白度过。

语出（清）王永彬《围炉夜话》。

⊙矮人看戏何曾见，都是随人说短长。

语意：矮子看戏，因为身高不够无法看清台上的情形，对情况不明朗，只有根据别人的评论或褒或贬。

语出（清）赵翼《论诗》。

⊙**爱出者爱反，福往者福来。**

语意：付出爱的人就能得到爱的回报；为别人谋福，别人同样也会为你谋福。

语出（唐）魏徵、虞世南、褚遂良《群书治要·贾子》。

⊙**爱戴高帽，自受圈套。**

语意：喜欢接受他人的奉承，实际上是在自愿接受别人给你下的圈套。

简释：戴高帽：吹捧恭维。

语出（清）牛树梅《天谷老人小儿语补》。

⊙**爱儿不得爱儿怜，聪明反被聪明误。**

语意：爱怜自己的子女却得不到子女的爱怜，自作聪明往往会被聪明耽误。

语出（清）周希陶《重订增广贤文》。

⊙**爱好由来落笔难，一诗千改始心安。**

语意：因为追求完美，所以写诗时从来都感到难以下笔；一首诗要经过千百遍的修改才能觉得心安。

语出（清）袁枚《遣兴六首》。

⊙**爱君切者，不知有富贵；为己重者，不能立功名。**

语意：深切关心君主的人，不会看重荣华富贵；只为自己着想的人，不足以建立功名。

语出（南宋）李邦献《省心杂言》。

⊙爱其子而不教，犹为不爱；教而不以善，犹为不教。

语意： 疼爱自己的子女却不加以教导，犹如不疼爱；不教给子女以良好的品行，犹如不教。

语出（明）方孝孺《逊志斋集·右第三十六章》。

⊙爱亲者不敢恶于人，敬亲者不敢慢于人。

语意： 爱自己的父母，就不会对别人的父母产生厌恶的情绪；恭敬地对待自己的父母，就不敢怠慢别人的父母。

语出《孝经·天子章》。

⊙爱人不以理，适是害人；恶人不以理，实是害己。

语意： 没有道理地去爱一个人，这其实是害了他；没有道理地去厌恶一个人，这实际上是在害自己。

语出（清）魏际瑞《伯子文集》。

⊙爱人深者求贤急，乐得贤者养人厚。

语意： 爱人深切的人，必定会急于寻求贤能之士的帮助；乐于得到贤能之士帮助的人，必定会宽厚地对待他人。

语出（西汉）黄石公《素书》。

⊙爱人者，人恒爱之；敬人者，人恒敬之。

语意： 爱戴别人的人就会得到别人永久的爱戴；尊敬别人的人就会得到别人永久的尊敬。

语出（战国）孟子《孟子·离娄下》。

⊙爱人者必见爱，恶人者必见恶。

语意： 爱他人的人必定会得到他人的爱戴，厌恶他人的人必定会受到他人的厌恶。

语出（战国）墨翟《墨子·兼爱下》。

⊙ 爱我者之言恕，恕故匿非；憎我者之言刻，刻必当罪。

语意： 爱我的人批评我，言语宽恕，总是会对我的错误避而不谈；而憎恨我的人批评我，言语刻薄，但总是能一针见血。

语出（清）陈确《陈确集·别集·瞽言》。

⊙ 爱惜芳心莫轻吐，且教桃李闹春风。

语意： 重重绿叶的海棠花爱惜自己的花蕊，不肯轻易绽放出自己的芬芳，暂且就先让那些艳丽的桃花李花占据春天吧。意思是指留出位置，让后辈们出人头地，表达了作者为了提携后进愿意有所牺牲的高尚品德。

语出（金）元好问《同儿辈赋未开海棠》。

⊙ 爱惜精神，留他日担当宇宙；蹉跎岁月，问何时报答君亲。

语意： 爱惜精力，留着日后用来担当天下大事；如果虚度光阴，那么什么时候才能够报答恩情。

简释： 蹉跎：虚度光阴，让时间白白浪费。

语出（清）蒲松龄《省身语录》。

⊙ 爱在心里，狠在面皮。

语意： 内心宠爱，而表面上严厉。

语出（清）佚名《醉醒石》。

⊙安步以当车，晚食以当肉。

语意：用从容的步行代替坐车，晚一些吃饭就好比吃肉。指安贫乐道。

语出（西汉）刘向《战国策·齐策四》。

⊙安分身无辱，是非口莫开。

语意：如果能够做到安分守己，那么自己就不会受侮辱；对是非不要随便开口，以便保全自己。

语出（明）申时行《百字铭》。

⊙安分身无辱，知机心自闲；虽居人世上，却是出人间。

语意：安分守己就不会招来侮辱，知道事情发展的规律自然会感到内心安闲；虽然这样还是居住在世间，但这份逍遥自得让自己仿佛已成了超脱人世的神仙。

语出（清）钱德苍《解人颐·安分吟》。

⊙安谷则昌，绝谷则亡。

语意：习惯吃粮食的人能够强壮，断绝粮食的人就会死亡。

语出（明）李时珍《本草纲目》。

⊙安民可与行义，危民易与为非。

语意：善良的人，可以与之一道做好事；而危险的人，便容易与之一道为非作歹。

语出（西汉）司马迁《史记·秦始皇本纪》。

⊙安莫安于忍辱，乐莫乐于好善。

语意：天下最能获得安乐的处世方式莫过于忍辱负重，天下最能获得快乐的事情是乐善好施。

语出（西汉）黄石公《素书》。

⊙**安贫守分随缘过，便是逍遥自在仙。**

语意：能够安分守己、安贫乐道地过日子，就是逍遥自在的神仙。

语出（明）罗念庵《醒世诗》。

⊙**安求一时誉，当期千载知。**

语意：怎么能够只贪求一时的名誉呢？应当期望垂名千古才是。

语出（北宋）梅尧臣《寄滁州欧阳永叔》。

⊙**安上在于悦下，为己存乎利人。**

语意：想要安定地位高的人就要先让地位低的人满意，要想让自己得利就先要给别人好处。

语出（西晋）陆机《五等论》。

⊙**安危不贰其志，险易不革其心。**

语意：无论处境是安全还是危险，都不改变自己的志向。无论事业险阻还是顺利，都不能改变自己的心愿。

简释：贰：改变。革：改变。

语出（唐）魏徵、虞世南、褚遂良《群书治要·昌言》。

⊙**安危在出令，存亡在所任。**

语意：一个国家的安危在于它所颁布实施的法令，一个国家的存亡在于它所任用的人才。

语出（西汉）司马迁《史记·楚元王世家》。

⊙安危在是非，不在强弱；存亡在虚实，不在多寡。

语意： 一个国家安全与否，在于君王是否是非分明，而不在于其力量的强弱；一个国家的存亡，取决于君王是否掌握了实权，而不是手下人的多少。

语出（战国）韩非《韩非子·虚实》。

⊙安卧扬帆，不见石滩；靠天多幸，白日入阱。

语意： 安闲无忧地躺卧在扬帆行驶的船舱中，自然就看不到礁石和险滩；任由上天的安排而心存侥幸，这样即使是在大白天也会掉入陷阱。

语出（明）徐祯稷《耻言》。

⊙安于知足，死于无厌。

语意： 人因为知足而生活安乐，因为贪得无厌而身败名裂。

语出（明）吕坤《呻吟语》。

⊙安在得人，危在失事。

语意： 安乐在于得到人心，危亡在于做错事。

语出（西汉）黄石公《素书》。

⊙安者非一日而安，危者非一日而危。

语意： 安全的处境并非是一天就形成的，危险的处境也不是一天形成的。意思是指人和事物所出现的状态，都是经过不断累积形成的。

语出（东汉）班固《汉书·贾谊传》。

⊙案上不可多书，心中不可少书。

语意：桌上摆放的书籍不要太多，而心中网罗的书籍不能太少。

语出（清）金缨《格言联璧》。

⊙暗中时滴思亲泪，只恐思儿泪更多。

语意：自己常暗地里因思念自己的母亲而流泪，但只恐怕母亲因思念自己而流的泪水会更多。说明母亲对子女的情谊胜过子女对待母亲。

语出（清）倪瑞璿《忆母》。

⊙暗中休使箭，乖里放些呆。

语意：不要暗箭伤人，在对事物机警和聪明的同时，要学会装一些糊涂。

语出（明）申时行《百字铭》。

⊙昂昂独负青云志，下看金玉不如泥。

语意：胸有壮志的人，在他们的眼里，金玉连泥土都不如。

简释：昂昂：气宇轩昂。青云志：比喻高远的志向。

语出（唐）李渤《喜弟淑再至为长歌》。

⊙敖不可长，欲不可从，志不可满，乐不可极。

语意：傲慢的态度不能任其增长，世俗欲望不能放纵，志气不可不着边际，安乐不可到极致。

简释：敖：同"傲"。从：同"纵"。

语出（西汉）戴圣《礼记·曲礼上》。

B

⊙八月十五云遮月，来年元宵雪打灯。

语意：八月十五的时候有云彩遮住月亮，来年的元宵节就会是下雪天气。

语出（清）李光庭《乡言解颐》。

⊙扒得高，跌得重。

语意：爬得越高，摔得越重。

语出（清）袁于令《隋史遗文》。

⊙白璧易埋千古恨，黄金难买一身闲。

语意：美玉容易招致永久的遗憾，黄金难以买来一身清闲安逸。

语出佚名《名贤集》。

⊙白酒红人面，黄金黑人心。

语意：喝酒会使人脸面变红，黄金能使人心地变黑。

语出（明）凌濛初《初刻拍案惊奇》。

⊙白酒酿成缘好客，黄金散尽为收书。

语意：悉心酿制好酒只是为了用来招待好客人，为了收集书籍，即使是散尽黄金也在所不惜。

语出佚名《增广贤文》。

⊙白日莫空过，青春不再来。

语意：大好的时光不要白白浪费掉，青春一旦逝去就不会再回来了。意在劝诫人们应当珍惜时光，不可虚度年华。

语出（唐）林宽《少年行》。

⊙白日所为，夜来省己；是恶当惊，是善休喜。

语意：对白天的所作所为，到晚上要注意反省；如果发现有什么恶行就要予以警惕，如果发现有做得对的地方则不要得意。

语出（明）吕得胜《小儿语》。

⊙白日无定影，清江无定波。

语意：太阳不会静止不动，江水也不会静止不流。比喻自然界的一切都是在不断变化之中的。

语出（唐）聂夷中《劝酒二诗》。

⊙白日一照，浮云自开。

语意：等到太阳光一照射，浮云自然就会散开。意思是指虽然有很多迷惑的事物，但只要时机一成熟，自然就会水落石出。

语出（北宋）苏轼《贺端明启》。

⊙白石似玉，奸佞似贤。

语意：白色的石头外表和玉非常相似，奸诈险恶之徒则表现得和贤良忠诚之士一样。

语出（东晋）葛洪《抱朴子·祛惑》。

⊙白石如玉，愚者宝之；鱼目似珠，愚者取之。

语意：洁白的石头看起来像宝玉，但只有没有眼力的人才会把它当作宝贝；鱼的眼珠子很像珍珠，而只有不加仔细分辨的人才会想要得到它。意思是指好与坏的事物经常杂糅在一起，使人难以分辨，如果想要找到正确的，就应当加强认识、仔细分辨。

语出（三国·蜀）诸葛亮《便宜十六策·察疑·第五》。

⊙白首贪得不了，一身能用多少？

语意：贪得无厌的人永远不知道停止，即使是到了年老的时候也是予取予求，可是到了这种时候，自己一个人能够用掉多少呢？

语出（明）吕坤《续小儿语》。

⊙白丝与红颜，相去咫尺间。

语意：年少与年老之间，不过相隔咫尺。意思是指人生短暂。

简释：咫尺：均为古代单位，旧制八寸为咫，十寸为尺，用以形容极短的距离。

语出（唐）邵谒《览镜》。

⊙白头如新，倾盖如故。

语意：有的人相交到老，彼此的感情仍旧像刚认识时一样；而有的人虽然刚认识，但是彼此就像老朋友一样。意思是指彼此相交的时间的长短不一定能代表彼此间感情的深浅。

简释：倾盖：停下车子，指初次相逢。

语出（西汉）邹阳《狱中上梁王书》。

⊙白玉不自知洁，幽兰不自知香。

语意：白玉不能知道自己是那样洁白，兰花不能知道自己是那样清香。比喻不知道自己具有某方面的长处。

⊙百尺竿头须进步，十方世界是全身。

语意：（道行造诣虽深）像达到百尺竿头的顶端一样，还须再进一步，才能到达十方世界。比喻人不要满足已取得的成就，还要继续努力，不断进取。

简释：十方：佛教原指十大方向，即上天、下地、东、西、南、北、生门、死位、过去、未来。

语出（北宋）释道原《景德传灯录·湖南长沙景岑号招贤大师》。

⊙百尺无寸枝，一生自孤直。

语意：百尺高的松树不分枝杈，因为它一生都是孤高直挺。比喻为人应如老松，孤高正直。

语出（唐）宋之问《题张老松树》。

⊙百毒惟有恩毒苦，万味无如淡味长。

语意：世上最苦的灾难莫过于过分的恩宠，世上其他一切滋味都没有清淡的滋味来得深长。

语出（明）吕坤《呻吟语》。

⊙百金孰为重，一诺良匪轻。

语意：百金怎么能说不重呢？但和诺言比起来，就显得很轻了。

语出（唐）卢照邻《咏史》。

⊙百炼化身成铁汉，三缄其口学金人。

语意：经过千锤百炼，把自己锻造成一个铁打的男子汉，此外还要学会保持沉默，学会做一个不轻易开口的人。意思是指不但要锻造自己的性格使之坚强，还要出言谨慎，以免祸从口出。

语出佚名《名贤集》。

⊙百虑输一忘，百巧输一诚。

语意：考虑再周密若有疏忽就可能失败，技艺再精巧若缺乏真诚也无法成功。

语出（清）顾图河《任运》。

⊙百年成之不足，一旦败之有余。

语意：要做成一件事情，也许经过一百年的努力还会不够；但是要让它毁败，一天的时间就绰绰有余了。告诫人们要持之以恒，否则一旦泄气就前功尽弃。

语出佚名《增广贤文》。

⊙百年光景须臾事，日日追欢也是迟。

语意：人一生的光景只有极为短暂的片刻，终日去追求荣华富贵带来的欢愉也总显得迟缓。

语出（清）石成金《传家宝·通天乐·莫愁诗》。

⊙百年那得更百年，今日还须爱今日。

语意：一个人不会有两个百年，应该珍惜如今的每一天。

语出（明）王世贞《梦中得"百年那得更百年今日还须爱今日"句》。

⊙百年随时过，万事转头空。

语意：人的一生随时可能结束，到那时候再回过头看看以往的事物，会觉得一切都变得无关紧要。

语出佚名《名贤集》。

⊙百千万事应难了，五六十年容易来。

语意：世事纷纷扰扰，很难了断，而人的一生却流逝得非常快，一转眼就过去五六十年了。

语出（清）石成金《传家宝·通天乐·莫愁诗》。

⊙百星之明，不如一月之光；十牖之开，不如一户之明。

语意：一百颗星星所发出的光亮比不上一个月亮，打开十个窗户不如打开一个门敞亮。

语出（西汉）刘安《淮南子·说林训》。

⊙百折不回之真心，万变不究之妙用。

语意：拥有百折不挠的坚韧心志，万般变化也能应付自如。

语出（明）陈继儒《小窗幽记》。

⊙百种奸伪，不如一实。

语意：再狡诈、虚伪，也不如诚实。

语出（清）李光地《性理精义》。

⊙百足之虫，死而不僵。

语意：原指马陆这种虫子死后仍不倒下，现用来比喻势力大的人或集团虽已失败，但其余威和影响依然存在。

简释：百足：虫名，又名马陆或马蚿，约一寸长，全身三十多个环节，切断后仍能蠕动。僵：仆倒。

语出（三国·魏）曹冏《六代论》。

⊙班翟不能削石作芒针，欧冶不能铸铅锡作干将。

语意：鲁班、墨翟这种能工巧匠不能把石头削成细针，欧冶子不能用铅和锡铸成宝剑。

简释： 班翟：鲁班和墨翟。欧冶：欧冶子，春秋时期越国人，是有名的铸剑师。干将：宝剑名。

语出（唐）马总《意林》。

⊙办酒容易请客难，请客容易款客难。

语意： 置办酒席容易，但是请到客人却很难，就算请到了客人，款待好客人又是很难的。

语出（清）钱大昕《恒言录》。

⊙办事全在用人，用人全在破格。

语意： 办好一件事情，关键在于任用合适的人才，任用人才，关键在于打破旧有的格局。

语出（清）胡林翼《胡文忠公遗集》。

⊙半轮新月数竿竹，千卷藏书一盏茶。

语意： 半轮新月如弯钩般悬挂在天边，屋旁栽种着数株翠竹，挺立在银色的月辉之中。屋内藏有诗书万卷，再倒上一杯清茶，嗅着茶香陶冶在书香之中。

语出（明）陈继儒《小窗幽记》。

⊙谤议之言，难用褒贬。

语意： 诽谤非议的言论，难以用来评定一个人的好坏。

语出（三国·魏）曹操《为徐宣议陈矫下令》。

⊙榜上有名，篷门增色；床头金尽，壮士无颜。

语意： 科举提名金榜，家境贫穷也脸上增光；家中的黄金散尽，意气豪迈的勇士也会觉得没有脸面。

语出（清）周希陶《重订增广贤文》。

⊙棒头出孝子，箸头出忤逆。

语意：管教严格就会培养出孝顺的子女，而一味宠溺就会养出忤逆的子女。

简释：棒头：指用棒子管教，表示严厉。箸：指筷子，指用筷子给子女夹菜，表示溺爱。

语出（明）凌濛初《初刻拍案惊奇》。

⊙饱暖非天降，赖尔筋与力。

语意：衣食之物不是天上掉下来的，要靠你的辛勤劳动才能得到。

语出（明）刘基《田家》。

⊙饱暖思淫欲，饥寒起盗心。

语意：吃得饱、穿得暖的人想的是淫逸快乐；挨饿受冻的人，容易产生偷盗的念头。

语出（明）沈采《千金记》。

⊙饱食足衣，乱说闲耍；终日昏昏，不如牛马。

语意：饭饱衣足之后，到处胡乱谈论、不务正业；终日里昏庸愚昧，这种人还不如牛马。

语出（明）吕得胜《小儿语》。

⊙饱三餐饭常知足，得一帆风便可收。

语意：一日三餐，衣食无忧就应该感到满足，得到了一帆顺路的风就可以把帆收起来。意思是指人要知足，对于幸运的事情应当浅尝辄止，否则就会遭受损失。

语出（清）钱德苍《解人颐》。

⊙**宝货用之有尽，忠孝享之无穷。**

语意： 宝贵的货物有用完的时候，而忠孝所带来的好处会享之不尽。

语出（南宋）李邦献《省心杂言》。

⊙**宝剑锋从磨砺出，梅花香自苦寒来。**

语意： 宝剑经过磨炼才会露出锋芒，梅花经过寒霜才会散发芬芳。

语出佚名《昔时贤文》。

⊙**宝剑卖与烈士，红粉赠与佳人。**

语意： 宝剑要卖给慷慨之士，胭脂应当赠给佳人。比喻物要得其所用。

语出（元）佚名《冻苏秦》。

⊙**保初节易，保晚节难。**

语意： 保持起初时的气节容易，一生一世保持气节则很难。

语出（南宋）朱熹《名臣言行录》。

⊙**保身底是德义，害身底是才能。**

语意： 保全自身的是个人美好的品德和忠义，戕害自身的则是出众的才华。

简释： 底：的。

语出（明）吕坤《呻吟语》。

⊙保生者寡欲，保身者避名。

语意：想要养生的人就应当清心寡欲，而要保全自己就应当逃避名声。

语出（北宋）林逋《省心录》。

⊙保养三般精气神，少言少欲少劳心。

语意：有三种方式可以保养人的精气神，那就是少说话、保持清心寡欲、少忧虑操劳。

语出（清）石成金《传家宝·通天乐·莫愁诗》。

⊙葆真莫如少思，寡过莫如省事。

语意：保持真性，最好莫过于少思考；减少过失，最好莫过于省事。

语出（明）陈继儒《小窗幽记》。

⊙抱残守缺，变通求存。

语意：守着残旧、过去的东西，不能取得进步；懂得变通，才能发展。

语出《易经》。

⊙抱负在先，功名在后，随地设施，平时讲究。

语意：首先立下志向和抱负，后面才能建立功名；随时能有所建树，在于平时的积累。

语出（清）李西沤《老学究语》。

⊙报怨短，报恩长。

语意：抱怨不过是一时，报恩才是长远的事。

语出（清）李毓秀《弟子规·泛爱众》。

⊙豹死留皮，人死留名。

语意：豹子死后留下珍贵的毛皮，人死后应该留下美名。

语出（北宋）欧阳修《新五代史·王彦章传》。

⊙不困在于早虑，不穷在于早豫。

语意：想要避免窘迫困顿的处境，关键在于事先谋划并做好准备。

语出（西汉）刘向《说苑·谈丛》。

⊙不乐损年，长愁养病。

语意：终日闷闷不乐的人会减短寿命，长时间愁眉不展的人会滋生疾病。

简释：损：损害。养：滋生。

语出（北朝·北周）庾信《闲居赋》。

⊙不廉则无所不取，不耻而无所不为。

语意：如果一个人不廉洁，那么就没有什么东西是他不会去贪取的；如果一个人不知道耻辱，那么没有什么事情是他不敢做的。

语出（北宋）欧阳修《五代史·冯道论》。

⊙不临难不见忠臣之心，不趋利不知义士之节。

语意：不遇到困难，不能显示忠臣的心志；不面对利益，不能知道忠义之士的节操。

语出（南宋）李邦献《省心杂言》。

⊙ **不虑前事之失，复循覆车之轨。**

语意：不思虑以前发生过的事情以总结和吸取教训，以后就会重蹈覆辙，发生同样的错误。

语出（南朝·宋）范晔《后汉书·窦武列传》。

⊙ **不面誉以求亲，不愉悦以苟合。**

语意：不当面奉承以求得别人的亲近，不故意夸赞迎合以求得别人的合作。

语出（唐）魏徵、虞世南、褚遂良《群书治要·体论》。

⊙ **不能则学，不知则问。**

语意：没有才能就应当学习，有不知道的地方就应当向了解的人询问。

语出（清）李西沤《老学究语》。

⊙ **不飞则已，一飞冲天；不鸣则已，一鸣惊人。**

语意：不飞就罢了，一旦起飞则直冲云霄；不鸣叫就罢了，一旦鸣叫就足以惊动世人。

语出（战国）韩非《韩非子·喻老》。

⊙ **不能忍，则不足以任败；不任败，则不足以成事。**

语意：不忍受一时的挫折，就经不起失败的考验；经不起失败的考验，就不能获得最后的成功。

语出（清）辛启泰《稼轩集抄存》。

⊙不能缩头者，且休缩头；可以放手者，便须放手。

语意：不应当逃避的事情就不要逃避，应当勇敢面对；可以放下的事物就应当放下，免得自己身心受累。

语出（清）王永彬《围炉夜话》。

⊙不怕来浓艳，只怕去沾恋。

语意：不担心得来的时候浓艳而诱惑，只怕失去的时候，对其过分留恋。

语出（明）吕坤《呻吟语》。

⊙不怕千日密，只愁一事疏。

语意：千百日的严密也不为过，就怕出现一时的疏忽。

语出（明）吕坤《呻吟语》。

⊙不迁怒，不贰过。

语意：不要将自己因某事或某人而引发的怒气转移到别的事或人上，也不要在一件事情上犯同样的错误。

简释：贰：再，重。

语出《论语·雍也》。

⊙不欠债，大自在；不作恶，大快活。

语意：不欠人债，生活就会自在；不为非作歹，生活就能愉快。

语出（清）李西沤《老学究语》。

⊙不勤于始，将悔于终。

语意：在起初不勤奋努力，最后必定会心生悔恨。

语出（唐）吴兢《贞观政要·尊敬师傅》。

⊙不求富贵闻达，但求心境安然。

语意：不企求富贵和声名显达，只希望心境安宁。

语出佚名《增广贤文》。

⊙不求金玉重重贵，但愿儿孙个个贤。

语意：不贪求得到贵重的金银财宝，只希望自己的儿孙后辈个个贤能有才干。

语出佚名《名贤集》。

⊙不曲道以媚时，不诡行以邀名。

语意：不能违背人生准则以迎合时俗，不能以欺诈的行为以取得虚名。

语出（东汉）崔寔《政论》。

⊙不取于人谓之富，不辱于人谓之贵。

语意：不去夺取别人的东西，可以称得上富有；不遭受他人的侮辱，可以称得上是尊贵。

语出（秦）孔鲋《孔丛子》。

⊙不让古人，是谓有志；不让今人，是谓无量。

语意：不甘心败给古人，称得上是有志向；不能容忍同时代的人，可以说是缺少度量。

语出（清）金缨《格言联璧》。

⊙不忍或不耐，小事翻成害。

语意：遇到事情不懂得忍耐，小事也会酿成祸害。

语出（明）高道淳《最乐编·当忍耐》。

C

⊙察己可以知人，察古可以知今。

语意： 审视自己就能了解他人，审视从前就能知道现在。

语出（战国）吕不韦《吕氏春秋》。

⊙察其所好恶，则其长短可知；观其交游，则其贤不肖可察。

语意： 观察一个人所喜好和厌恶的事情，就可以了解他的优点和缺点；观察一个人所结交的朋友，就可以知道他是贤能还是没有才干。

语出（春秋）管仲《管子·权修》。

⊙才饱身自贵，巷荒门岂贫。

语意： 富有才学的人本身是高贵的，即使身居陋室也不算贫贱。

语出（唐）孟郊《题韦承总吴王故城下幽居》。

⊙才不称不可据其位，职不称不可食其禄。

语意： 才干与自己所担任的职位不相称的人就不能再占据着这个职位，不称职的人就不能再接受该职位的俸禄。

语出（清）王豫《蕉窗日记》。

⊙才大者，望自大；人所服，非言大。

语意： 一个才能显著的人，他的声望自然会大；人们所敬佩的是有真才实学的人，而不是自吹自擂、大言不惭的人。

语出（清）李毓秀《弟子规》。

⊙才多累了己身，地多好了别人。

语意： 才艺太多了就会使自己身心劳累，田地太多了也只是便宜了别人。

语出（明）吕坤《续小儿语》。

⊙才逢乐处须知苦，既没闲时哪有忙。

语意： 当遇到安乐的处境时就要想到困苦时的情景，既然没有闲暇的时候，那么又怎么会有忙碌的时候？

语出（明）吕坤《呻吟语》。

⊙才士不妨泛驾，诤臣岂合模棱。

语意： 真正有才华的人不妨乘船到天涯海角去生活，直言劝谏的诤臣说话不能模棱两可。

语出（明）陈继儒《小窗幽记》。

⊙才说聪明，便有障蔽，不着学识，到底不济。

语意： 一说自己聪明，心智就会有所蒙蔽，不去认真学习体会、增长见识，到头来终究是无所作为。意思是指做人不要骄傲自满，只有不断增长见识才能有所成就。

语出（明）吕坤《续小儿语》。

⊙才要说睡，便睡不着；才说要忘，便忘不得。

语意： 如果勉强让自己睡觉，对此事一用意，人就睡不着；如果用心去忘记一件事情，那么也就无法做到真正的忘记。

语出（明）吕坤《呻吟语》。

⊙才微易向风尘老，身贱难酬知己恩。

语意： 才能低下地位低，难以报答知己的恩情。

语出（唐）郭震《寄刘校书》。

⊙才者德之资，德者才之帅。

语意： 才华是品德的助手，品德是才华的领袖。

语出（北宋）司马光《资治通鉴·周纪》。

⊙才子安心草舍者，足登玉堂；佳人适意蓬门者，堪
贮金屋。

语意： 能够在贫寒的处境中安下心来的才子，足够成就大事
业；能够在贫寒的环境中怡然自得的佳人，值得藏之于金屋。

简释： 玉堂：用美玉装饰的殿堂，指宫殿。

语出（明）陈继儒《小窗幽记》。

⊙财不难聚，取予当则富足；国不难治，邪正辨则丕平。

语意： 财货不难积聚，获取得当就能富足；国家不难治理，
明辨正义和邪恶，国家自然会平定。

语出（南宋）李邦献《省心杂言》。

⊙财不如义高，势不如德尊。

语意： 财富比不上道义崇高，地位比不上品德高贵。

语出（西汉）刘向《说苑·谈丛》。

⊙财高语壮，力大欺人。

语意： 富有的人往往仗着自己的钱财多而气势凌人，言辞嚣
张跋扈；而强壮的人往往仗着自己的力气大去欺负别人。

中华圣贤经

语出佚名《名贤集》。

⊙采得百花成蜜后，为谁辛苦为谁甜？

语意：蜜蜂到底为谁辛苦为谁忙碌？讽刺那些坐收渔利的人，不劳而获是多么的无耻。

语出（唐）罗隐《蜂》。

⊙采玉者破石拔玉，选士者弃恶取善。

语意：采玉的人劈开石块取出宝玉，选择人才就应当要摒弃邪恶的，挑选优秀的。

语出（东汉）王充《论衡·累害》。

⊙谗不自来，因疑而来；间不自入，乘隙而入。

语意：谗言是不会自动找上某人的，而是因为他心里存在怀疑；离间的话本来也不会产生效果，但如果彼此产生隔阂，也就让离间的话有了可乘之机。

简释：间：挑拨离间的话。

语出（明）刘基《郁离子·畏鬼》。

⊙谗邪害公正，浮云翳白日。

语意：谗言和邪恶妨害公里和正义，就好比浮云遮蔽太阳。

语出（东汉）孔融《临终》。

⊙谗言败坏真君子，美色消磨狂少年。

语意：诽谤的话语会败坏一个真正有道德修养的君子，沉溺于美色会使得锐意进取的少年的志向被消磨掉。

语出佚名《名贤集》。

⊙谗言巧，佞言甘，忠言直，信言寡。

语意：诬陷、挑拨的话听起来乖巧，奸诈的花言巧语非常中听，诚恳忠义的规劝刚直而坦率，诚实可信的话、言辞不多。

语出（北宋）林逋《省心录》。

⊙谄曲贪嗔堕地狱，公平正直即天堂。

语意：谄媚、邪恶、贪婪和嗔怒会让人堕入地狱，而为人公道正直就能上天堂。

语出（明）憨山大师《醒世咏》。

⊙惨惨柴门风雪夜，此时有子不如无。

语意：在凄惨的风雪之夜，在父母最需要亲情温暖的情况下而离开家门的子女还不如没有。诗句十分真切地传达了诗人巨大的内疚，指出作为子女不能守在父母身边尽孝是最大的不敬。

语出（清）黄景仁《别老母》。

⊙仓廪实则知礼节，衣食足则知荣辱。

语意：粮仓充实，百姓然后才懂得礼节制度；衣食丰足，百姓然后才知道荣誉耻辱。

简释：廪：粮仓。实：充实。

语出（春秋）管仲《管子·牧民》。

⊙仓廪虽满，不偷于农。

语意：就算是仓库里的粮食都装满了，也不可以疏忽农事。

简释：偷：疏忽，放松戒备。

语出（战国）商鞅《商君书·农战》。

⊙仓廪虚兮岁月乏，子孙愚兮礼义疏。

语意： 仓库里如果没有储存的粮食，日子就会过得贫穷；子孙如果愚笨，就不会懂得礼节和情义。

语出佚名《增广贤文》。

⊙苍龙日暮还行雨，老树春深更著花。

语意： 尽管天近黄昏，但壮心不已的苍龙仍要聚云播雨；尽管春天将尽，老当益壮的树木还要花开满枝。比喻拥有雄心壮志的人，即使在老年也可以有所作为。

语出（清）顾炎武《又酬傅处士次韵》。

⊙藏不得是拙，露不得是丑。

语意： 拙劣是藏不住的，丑陋是露不得的。

语出（明）陈继儒《小窗幽记》。

⊙藏巧于拙，用晦而明，寓清于浊，以屈为伸。

语意： 真正聪明的人，是会把自己的机巧与智慧隐藏在外在行为的笨拙之中的，有的人虽然表面貌似不太清楚但其内心深处却很明白，所以，要把清高洁净隐藏在污浊之中，用行为屈缩来代表实质的伸长。

语出（明）陈继儒《小窗幽记》。

⊙操千曲而后晓声，观千剑而后识器。

语意： 练习一千支乐曲之后才能懂得音乐，见识过一千柄剑之后才知道如何识别剑器。意思是指要想在某方面取得很高的造诣，就必须要经过千锤百炼，积累丰富的经验。

语出（南朝·梁）刘勰《文心雕龙》。

⊙操与霜雪明，量与江海宽。

语意： 节操像冰霜、白雪一样明亮，雅量像江河湖海一样宽广。形容节操高洁，胸怀宽广。

语出（唐）常建《赠三侍御》。

⊙草茅弗去则害禾谷，盗贼弗诛则伤良民。

语意： 如果不除去田里的杂草，那么就会妨害庄稼的生长；如果不诛杀犯有罪过的盗贼，那么就会使守法的良民受到伤害。

语出（春秋）管子《管子·明法解》。

⊙草木本无意，荣枯自有时。

语意： 尽管花草树木自己没有任何想法，但是繁盛还是枯朽都有定数。指人不要过于强求，际遇究竟如何都是注定的。

语出（唐）孟浩然《江上寄山阴崔少府国辅》。

⊙草色人情相与闲，是非名利有无间。

语意： 心情与自生自长的春草一样悠闲自适，是非、名利的纷扰变得若有若无。

语出（唐）杜牧《洛阳长句》。

中华圣贤经

D

⊙打虎还得亲兄弟，上阵须教父子兵。

语意：上山打虎要靠亲兄弟，上阵打仗则需要父子兵。意思是指做非常紧要的事情，需要依靠自己亲近而信得过的人。

语出（明）吴承恩《西游记》。

⊙打人不打脸，骂人不揭短。

语意：打人不打在脸上，骂人不揭露别人的短处。指做什么事情都得给人留点余地，不要太过分。

语出（清）周希陶《重订增广贤文》。

⊙打是疼，骂是爱。

语意：有时候的打骂，实际上是疼爱。

语出（清）西周生《醒世姻缘传》。

⊙打透生死关，生来也罢，死来也罢；参破名利场，得了也好，失了也好。

语意：超越了生死之间的界限，活着的就活得潇洒自在一点，死了的也就死得潇洒自在一点；看破了名利间的真实，得到了也随意，失去了随意。

语出（明）陈继儒《小窗幽记》。

⊙达能兼善而不渝，穷则自得而无闷。

语意：如果一生际遇通达，就始终不渝地以济世为怀；如果际遇潦倒，那么就安贫乐道、自得其乐。

语出（西晋）嵇康《与山巨源绝交书》。

⊙达人撒手悬崖，俗子沉身苦海。

语意： 自然通达的人，即使身处悬崖边上都能够做到放手，说明能够游于外物的人可以活得超然洒脱；而拘泥于世俗的人，则会陷入欲念的苦海而不能自拔。

语出（明）陈继儒《小窗幽记》。

⊙达者未必知，穷者未必愚。

语意： 身份显达高贵的人不一定都聪明，处境贫穷卑微的人不一定都愚蠢。

语出（东汉）王充《论衡·自纪》。

⊙大处着眼，小处着手。

语意： 做事情要从宏观上把握，从小事上入手。

语出（清）曾国藩《致吴竹书》。

⊙大道劝人三件事，戒酒除花莫赌钱。

语意： 正确的道理有三件事要规劝世人，戒酒、戒色、戒赌。

语出佚名《名贤集》。

⊙大风吹倒梧桐树，自有旁人说短长。

语意： 被大风刮倒的梧桐树，总会有旁人对其倒掉的原因妄加评议。指某种人遭遇困境后，总会引来好事者的一些妄自推测。

语出（清）袁枚《随园诗话》。

⊙钝鸟先飞，大器晚成。

语意： 资质拙劣的人应该先于他人努力行动，能够担当大任的人物需要经过长时间的锻造。

语出（清）周希陶《重订增广贤文》。

⊙多才自劳苦，无有只因循。

语意： 多种才能来自于自己刻苦努力，一无所获往往是因为不思进取、只知道因循守旧。

语出（唐）韩愈《酬裴功曹》。

⊙多读两句书，少说一句话，读得两行书，说得几句话。

语意： 应该多读书，少说话，只有读的书多了，才能把话说好。

语出（明）陈继儒《小窗幽记》。

⊙多读书以养胆气，顺时令以养元气。

语意： 多读书来培育自己的胆略，顺从时令作息来培养元气。

语出（清）金缨《格言联璧》。

⊙多方分别，是非之窦易开；一味圆融，人我之见不立。

语意： 多方面的分辨区别，是非之路就容易打开；如果处事一味通融，那么就不会使别人和我的意见对立。

简释： 窦：指路径。

语出（明）吴从先《小窗自纪》。

E

⊙阿谀人人喜，直言个个嫌。

语意：人人都喜欢听阿谀奉承的话，每个人都讨厌直言不讳的话。

语出（明）冯梦龙《警世通言·钝秀才一朝交泰》。

⊙厄穷而不悯，遗佚而不怨。

语意：遭遇穷困，也不忧愁；不被任用，也不怨恨。

简释：厄穷：厄境。悯：忧愁。遗佚：被遗弃，不被重用。

语出（战国）孟子《孟子·公孙丑》。

⊙恶不可顺，美不可逆。

语意：邪恶有害的话，不能顺从；对行动有益的良言，不能拒绝和违背。

语出（三国·蜀）诸葛亮《便家十六策·纳言第四》。

⊙恶莫大于毁人之善，德莫大于白人之冤。

语意：最大的罪恶莫过于诋毁别人的善行，最好的恩德莫过于替人洗刷冤屈。

语出（清）申居郧《西岩赘语》。

⊙恶莫大于无耻，过莫大于多言。

语意：最恶毒的事情莫过于没有羞耻之心，最大的罪过莫过于多言生事。

语出（清）金缨《格言联璧》。

⊙恶莫大于纵己之欲，祸莫大于言人之非。

语意：最大的罪恶莫过于放纵自己的欲望，最大的灾祸莫过于议论别人的不是。

语出（清）金缨《格言联璧》。

⊙恶言不出于口，忿言不反于身。

语意：不说难听的话伤害别人，那就不会有难听的话伤害自己。

语出《礼记·祭义》。

⊙恩不论多寡，怨不在浅深。

语意：恩情不分多少，怨恨不在深浅。

语出（明）陈继儒《小窗幽记》。

⊙恩德相结者，谓之知己；腹心相结者，谓之知心。

语意：以恩义和品德相结交的朋友，可称为知己；彼此推心置腹的朋友，可称为知心。

语出（明）冯梦龙《警世通言》。

⊙恩里由来生害，故快意时须早回首；败后或反成功，故拂心处莫便放手。

语意：祸害往往从恩宠发生，所以一个人在得意之时要及时回头，以免乐极生悲；有时候成功往往来自失败和挫折，所以遇到不如意的事情不能放弃，否则功亏一篑。

语出（明）洪应明《菜根谭》。

⊙恩怕先益后损，威怕先松后紧。

语意：对别人施加恩惠最忌讳先加后减，而树立威严则忌讳先松后紧。

语出（清）金缨《格言联璧》。

⊙恩赏明则贤者劝，刑罚当则奸人消。

语意：恩赏分明就会使贤能的人受到激励，刑罚得当就会使奸恶之徒消失。

语出（元）脱脱《辽史》。

⊙儿不嫌母丑，狗不嫌家贫。

语意：儿子不会嫌弃自己的母亲丑，狗不会嫌弃家境贫困的主人。比喻人不可忘本。

语出（元）《杀狗记》。

⊙儿好何须父业，儿若不肖空积，不知教子一经，只要黄金满室。

语意：有志气的好男儿不需父亲的事业，也能自己有一番作为；儿子若是为人不正、没有能力，即使是积累万贯家财也是徒劳，因为迟早会被败毁；然而现在的许多人不懂得教导子女多读诗书、多明白事理，反而只要求他们贪图利益，这实在是舍本逐末的做法。

语出（明）吕坤《续小儿语》。

⊙儿孙胜于我，要钱做甚么；儿孙不如我，要钱做甚么。

语意：如果儿孙胜过自己，那么还要钱干什么，他们自己能

中华圣贤经

够挣到；如果儿孙不如我，那么还要钱干什么，留给他们也守不住。

语出（清）周希陶《重订增广贤文》。

⊙而今痴梦才呼醒，急享茅底快乐窝。

语意：到现在，才算从对功名富贵的痴迷中转醒，在自己的茅屋底下安贫乐道。

语出（清）石成金《传家宝·通天乐·莫愁诗》。

⊙耳不闻人之非，目不视人之短，口不言人之过。

语意：耳朵不要去听别人的错误，眼睛不要去看别人的短处，嘴巴不要去说别人的过失。

语出（北宋）林逋《省心录》。

⊙耳目口鼻，位置不正，尚来指视之纠弹；意志心知，穿引多端，可无隐微之谴责？

语意：人的眼耳鼻口，如果位置长得不端正，尚且会招来别人的议论和指责；人的心思，如果曲折多端，怎么会没有暗地里的谴责？

简释：纠弹：本为纠察弹劾官吏的过失，此为批评议论。穿引多端：指心思曲折多变，深不可测。

语出（明）吴从先《小窗自纪》。

⊙耳目宽同天地窄，争务短则日月长。

语意：一个人如果耳朵和眼睛用得多了，自然就会感觉自己所处的天地很狭窄。一个人如果是减少了自己追逐名利的俗务，那么自然会感觉到时间变得悠长而闲适。

语出（明）陈继儒《小窗幽记》。

⊙耳听为虚，眼见为实。

语意：听来的传闻是靠不住的，亲眼看到才算是真实的。意思是判断一件事情的真假，只有亲身调查才能拥有正确的判断。

语出（西汉）刘向《说苑·政理》。

⊙耳闻之不如目见，目见之不如足践。

语意：耳朵听到的不如眼睛看到的，眼睛看到的不如亲自实践的。

语出（西汉）刘向《说苑·政理》。

⊙耳有所闻，不学而不如聋；目有所见，不学而不如盲。

语意：耳朵能够听到，如果不学习就不如失聪；眼睛能够看到，如果不学习就不如失明。

语出（唐）马总《意林》。

F

⊙发达虽命定，亦由肯做工夫；福寿虽天生，还是多积阴德。

语意： 一个人是否飞黄腾达虽然由命运注定，但也是他肯下工夫的缘故；一个人的福分寿命究竟如何虽然也是命中注定，但还是要多做善事积德。

语出（清）王永彬《围炉夜话》。

⊙发号施令，在乎必行；赏德罚罪，在乎不滥。

语意： 发布号令、实施命令，关键在于坚决贯彻实行；奖赏合乎道德的行为、惩罚罪恶的行径，关键在于不能太过泛滥。

语出（元）脱脱《宋史·包拯传》。

⊙伐木不自其本，必复生；塞水不自其源，必复流；灭祸不自其基，必复乱。

语意： 砍伐草木，如果不从根开始就会再生；堵住流水，如果不从源头做起就会再流；消除祸患，如果不从根本做起就会再次发生祸乱。

语出（春秋）左丘明《国语·晋语一》。

⊙伐欲以炼情，绝俗以达志。

语意： 遏制私欲以修炼性情，断绝世俗杂念以追求自己的志向。

语出（南朝·梁）傅昭《处世悬镜·舍之》。

⊙逢恶莫怕，遇善莫欺。

语意：遇到凶恶的人不要怕，遇到善良的人不要欺负。

语出（明）范立本《明心宝鉴》。

⊙逢桥须下马，过渡勿争船。

语意：碰到有桥的地方就应当下马，过河则不要争抢着上船。

语出（北宋）赵德麟《征途自警诗》。

⊙逢人不说人间事，便是人间无事人。

语意：如果在见到他人时不随意议论别人的是非短长，那他便是这个世间上不会无事生非之人。

语出（明）陈继儒《小窗幽记》。

⊙逢人且说三分话，未可全抛一片心。

语意：不管遇到谁、遇到某事，都不会把自己的看法全部说出来，与人相处也在心里设下一些防备。指人与人互相欺瞒，不把实际情况或心里话说出来。

语出（明）冯梦龙《警世通言》。

⊙奉法者强则国强，奉法者弱则国弱。

语意：奉行法令彻底的国家就会强盛，而不奉行法令的国家会衰弱。

语出（战国）韩非《韩非子·有度》。

⊙奉劝人行方便事，得饶人处且饶人。

语意：奉劝世人多做善事，能给别人行方便就给别人行方便，能够饶过别人的地方就暂且放人一马。

语出（明）冯梦龙《醒世恒言》。

⊙佛心本是凡心转，世味何如道味长。

语意：佛心原本就是由凡心修炼而来的，世俗的滋味哪里比得过"道"的滋味？

语出（明）罗念庵《醒世诗》。

⊙夫妇有恩，不诚则离；交接有分，不诚则绝。

语意：夫妻之间存在恩情，如果彼此不能以诚相待就会分离；朋友之间存在交情，如果彼此不能够以诚相待就会断绝来往。

语出（东汉）杜恕《体论》。

⊙夫妻本是同林鸟，巴到天明各自飞。

语意：夫妻之间本来就像是夜晚栖息在同一片树林的鸟，等待天亮后就各自离散。意思是指夫妻的结合只不过是偶然的，经不起考验，一旦接受考验就会劳燕分飞，比喻夫妻不能同甘共苦。

语出（明）冯梦龙《警世通言·庄子休鼓盆成大道》。

⊙夫妻相合好，琴瑟与笙簧。

语意：夫妻之间的和睦，就像琴瑟笙簧密切配合时发出的和谐乐章一样让人心旷神怡。

语出佚名《增广贤文》。

⊙福无双至，祸不单行。

语意：好事情不会接着降临，而坏事情从来都不会单独降临。指幸运事不会连续到来，祸事却会接踵而至。

语出（明）施耐庵《水浒传》。

⊙福在积善，祸在积恶。

语意： 不断地为善就是积福，不断地作恶就是积祸。

语出（西汉）黄石公《素书》。

⊙福者祸之先，利者害之始，恩者怨之媒，誉者毁之招。

语意： 福分是祸患的先兆，利益是灾害的开始，恩惠是怨恨的媒介，赞誉是招致诽谤的源头。

语出（南宋）崔敦礼《刍言》。

⊙辅车相依，唇亡齿寒。

语意： 颊骨和齿床互相依靠，嘴唇没有了，牙齿就会感到寒冷。比喻两者关系密切，利害紧密相关。

简释： 辅：颊骨。车：齿床。

语出（春秋）左丘明《左传·僖公十年》。

⊙父母呼，应勿缓；父母命，行勿懒。

语意： 父母如有使唤，做儿女的不可有所怠慢。

语出（清）李毓秀《弟子规》。

G

⊙改过不吝，从善如流。

语意：改正过失就要毫无保留，听从正确的意见就应当要像流水一样不能拂逆。

语出（北宋）苏轼《上皇帝书》。

⊙改过宜勇，迁善宜速。

语意：改正过失以勇敢为好，从善以迅速为好。

语出（南朝·梁）傅昭《处世悬镜·止之》。

⊙改节莫云旧善，自新休问昔狂；贞妇白头失守，不如老妓从良。

语意：改变气节的人就不要谈以前的善行，改过自新、弃恶从善的人就不要计较他以前的过错；贞节的妇女在年老的时候失去操守，还不如老妓从良。

语出（明）吕坤《续小儿语》。

⊙盖棺始能定士之贤愚，临事始能见人之操守。

语意：只有当一个人死后，才能断定他是贤能之人还只是一个庸人；只有当面临突发事件时，才能看出一个人的节操品行如何。

简释：盖棺：指人死之后。

语出（北宋）林逋《省心录》。

⊙故作小红桃杏色，尚余孤瘦雪霜姿。

语意：（红梅）为了不让自己与整个世俗相悖，所以着上桃李般的淡红色来讨世人的欢喜，但是内心如霜雪般的高洁品质是不会改变的。指迫于无奈，在外表做一番修饰以讨好世人，但是绝不会放弃做人的原则，与世俗同流合污。

语出（北宋）苏轼《红梅》。

⊙瓜田不纳履，李下不正冠。

语意：经过瓜田时，不要弯腰提鞋子；走在李树下面，不要举手整理帽子，免得别人怀疑你偷瓜摘李子。借以说明做任何事情都要注意避开容易发生嫌疑的地方。

语出《乐府诗集·君子行》。

⊙寡思虑以养神，剪欲色以养精，靖言语以养气。

语意：减少思虑来养神，剪断色欲以养精，言语静默以养气。

语出（明）陈继儒《小窗幽记》。

⊙寡言则省谤，寡欲则保身。

语意：话语少的人能避免诽谤，欲望淡泊的人可以保全自身。

语出（明）范立本《明心宝鉴》。

⊙乖汉瞒痴汉，痴汉总不知；乖汉做驴子，却被痴汉骑。

语意：聪明的人欺瞒老实安分的人，那些老实安分的人也许不会发现，但是到最后，那些聪明的人却成了那些老实本分的人的劳役。

语出佚名《名贤集》。

⊙观棋不语真君子，把酒多言是小人。

语意： 看别人下棋而不在一旁指手画脚的人，才算得上是真正有道德修养的君子；喝酒时喜欢说很多阿谀奉承的话去劝人喝酒的人是粗鄙之人。

语出（明）冯梦龙《醒世恒言》。

⊙观人如观玉，拙眼喜讥评。

语意： 看人像看玉一样，见识浅薄的人喜欢吹毛求疵。

简释： 拙眼：见识浅薄。

语出（南宋）陆游《剑南诗稿·杂兴十首》。

⊙观人题壁，便识文章。

语意： 观看他人的题壁之作，便可以认识其文章。

语出（明）陈继儒《小窗幽记》。

⊙观生如客岂能久，信死有期安可逃。

语意：（我）看人的生命就像客人一样不会长久，人最后都会以死终结，谁都免不了。

语出（清）石成金《传家宝·通天乐·莫愁诗》。

⊙观书贵要，观要贵博，博而知要，万流可一。

语意： 读书做学问，最重要的是掌握要领，要掌握要领就必须要先博览群书，如果能做到见闻广博而又抓住了要领，那么众多流派的知识都可以汇集到一处。

语出（南朝·宋）颜延之《庭诰》。

H

⊙海纳百川，有容乃大；壁立千仞，无欲则刚。

语意：大海因为气度宏大才能容纳百川，人要无欲无求就能像高山一样刚强。

简释：仞：古代长度单位，周制七尺为一仞，汉制八尺为一仞。

语出（清）林则徐《自勉联》。

⊙海内存知己，天涯若比邻。

语意：只要存在知己，即使是相隔天涯海角也好像比邻而居。

语出（唐）王勃《送杜少府之任蜀州》。

⊙海以合流为大，君子以博识为弘。

语意：海因为汇集了众多川流而成就了广阔，有道德修养的君子因为学识广博而增长才智。

简释：弘：扩大、光大。

语出（西晋）陈寿《三国志·蜀书·秦宓传》。

⊙害人之心不可有，防人之心不可无。

语意：不可起谋害别人的心思，但不能没有对别人的防备心，与人交往时应当保持警觉。

语出（明）洪应明《菜根谭》。

⊙害与利随，祸与福倚，只个平常，安稳到底。

语意：不好的事物总是与好的事物相伴随，祸害与福祉相依靠，只图平平常常、安安稳稳地过完一生。

语出（明）吕坤《续小儿语》。

⊙含容终有益，任意是生灾。

语意： 忍让宽容的人终究能够受益，而任意妄为的人注定会招致灾祸。

语出（明）冯梦龙《醒世恒言·一文钱子隙造奇冤》。

⊙函车之兽，离山必毙；绝波之鳞，宕流则枯。

语意： 能够容纳马车的巨兽，离开了山林就必定会死亡；能够横渡波涛的大鱼，水流干涸则会枯死。

语出（南朝·梁）沈约《宋书·哀淑传》。

⊙涵养冲虚，便是身世学问；省除烦恼，何等心性安和。

语意： 涵养虚心便是做人的学问；祛除烦恼，心性自然祥和。

语出（清）金缨《格言联璧》。

⊙寒不累时霜不降，温不兼日冰不释。

语意： 如果寒冷的天气不持续一段时间，那么就不会降霜；如果温热的天气不持续一段时间，积冰也就不会融化。比喻事物需要达到一定程度才能产生效果。

简释： 累：累积。兼：累积。

语出（东汉）王充《论衡·感虚》。

⊙好胜者必争，贪荣者必辱。

语意： 好胜心强的人必定喜欢争斗，贪图荣耀的人必定会遭受耻辱。

语出（南宋）李邦献《省心杂言》。

⊙好事不出门，恶事行千里。

语意：好事不容易被人所知，坏事反而容易传开。劝诫人应当谨慎行事。

语出（唐）孙光宪《琐言引古语》。

⊙好事尽从难处得，少年无问易中轻。

语意：好事都是从艰难处得来的，所以年轻人不要去过问那些轻而易举得来的东西。

语出（唐）李咸用《送谭孝廉赴举》。

⊙好事须相让，坏事莫相推。

语意：好事要懂得相互推让，坏事情则不能互相推诿，应当勇于担当。

语出（唐）王梵志《好事须相让》。

⊙好事者未尝不中，争利者未尝不穷。

语意：在好事的人当中，不是没有受到伤害的；在争夺利益的人当中，不是没有处境穷困的人。

语出（西汉）刘安《淮南子·原道训》。

⊙好事者自寻烦恼，恃强者自取灭亡。

语意：喜欢制造事端的人是自寻烦恼，依仗着自己力量强大的人终究会自取灭亡。

语出（清）王永彬《围炉夜话》。

中华圣贤经

⊙好说己长便是短，自知己短便是长。

语意：喜欢说自己的长处，这是缺点；自己知道自己的短处，这便是优点。

语出（清）申居郧《西岩赘语》。

⊙好问则裕，自用则小。

语意：好问必多知，自以为是则学不到东西。

语出《尚书·汤诰》。

⊙好学近乎知，力行近乎仁，知耻近乎勇。

语意：勤奋好学就接近智，做任何事情只要努力就接近仁，懂得了是非善恶就是勇的一种表现。

语出《礼记·中庸》。

⊙好言难得，恶语易施。

语意：善言难以获得，而恶毒的话语则很容易说出口。

语出（清）周希陶《重订增广贤文》。

⊙好义固为人所钦，贪利乃为鬼所笑。

语意：崇尚道义的人会受到他人的尊敬和钦佩，贪图个人利益的人则会遭到他人的讥笑。

语出佚名《名贤集》。

⊙红尘大厦千年计，白骨荒郊一土丘。

语意：可笑世上许多人都谋求高楼大屋以作千年之计，可百年之后，一副白骨只不过在荒郊野外占据一个小土丘。

语出（明）罗念庵《醒世诗》。

⊙红尘白浪两茫茫，忍辱柔和是妙方。

语意：尘世中的事情茫茫难料，忍辱柔和是处理事务的妙方。

语出（明）憨山大师《醒世咏》。

⊙红粉佳人休使老，风流浪子莫教贫。

语意：女人要做红粉佳人就趁年轻，如果人老珠黄、失去了青春，也就失去了做红粉佳人的资格；做风流快活的浪荡公子需要大量的财富，一旦受穷就会失去生存的能力。

语出佚名《增广贤文》。

⊙侯门一入深似海，从此萧郎是路人。

语意：意思是指一个女子在飞黄腾达之后，便与从前情投意合的人形同陌路。

简释：萧郎：本来是指梁武帝萧衍，据《梁书·武帝纪上》记载："迁卫将军王检东阁祭酒，俭一见（萧衍），深相器异，谓卢江何宪曰：'此萧郎三十内当做侍中，出此则贵不可言。'"此后萧郎便流传开来，后多指代女子所中意的男子。

语出（唐）崔郊《赠婢》。

⊙后生可畏，来者难诬。

语意：年轻人大有希望超越前辈，他们是值得敬畏的，不可对其妄加评论。

语出（三国·魏）曹丕《与吴质书》。

⊙华衮灿烂，非只色之功；嵩岱之竣，非一篑之积。

语意：华丽多彩的衣服灿烂夺目，这不是单一颜色的功劳；

嵩山泰山高耸险峻，不是只靠一筐泥土堆积而成的。意思是指只有当事物不断积累到一定程度才能构成气势。

简释：华衮：指古代王公大臣穿的礼服，色彩华丽。嵩：嵩山。岱：泰山的别称。篑：古代盛土的筐。

语出（东晋）葛洪《抱朴子·博喻》。

⊙**画虎画皮难画骨，知人知面不知心。**

语意：画虎，可以画出它的皮但难画出它的骨，了解一个人，只能了解到他的外表，却了解不到他真正的内心。

语出（明）施耐庵《水浒传》。

⊙**画家之妙，皆在运笔之先；长于笔者，文章即如言语。**

语意：画家作画的妙处全都表现在于下笔之前所做的图画构思，擅长写文章的人，他笔下的文章便如同自己的语言。

语出（明）陈继儒《小窗幽记》。

⊙**画水无风空作浪，绣花虽好不闻香。**

语意：画中的水在无风的情况下翻起波浪，丝帛上的绣花再美也不会产生香气。指做事要讲究实际效果，不能只在外表上大下修饰工夫。

语出（清）周希陶《重订增广贤文》。

J

⊙击其空虚，袭其懈怠。

语意：攻击对方力量空虚的地方，在对方懈怠的时候进行袭击。

语出（唐）杜牧《孙子注》。

⊙饥不从猛虎食，暮不从野雀栖。

语意：饥饿时不跟从猛虎求食，夜晚睡觉不跟从野雀栖于鸟巢之下。意思是指做人应当洁身自好，即使在艰苦的条件下也要坚持自我。

语出（北宋）郭茂倩《乐府诗集·相和歌辞·猛虎行》。

⊙饥寒困苦福将至已，饱饫宴游祸将生焉。

语意：饥寒困苦过后则福分降临，灾祸在宴饮游乐中生成。

简释：饫：饱食之意。

语出（明）陈继儒《小窗幽记》。

⊙饥乃加餐，菜食美于珍味；倦然后睡，草蓐胜似重裀。

语意：感到饥饿后再吃饭，一般饭菜胜过珍馐美味；困倦之后便睡觉，草席胜过多重褥子。

简释：蓐：指草席。裀：通"茵"，指褥子、床垫。

语出（明）陈继儒《小窗幽记》。

⊙几时拓土成王道，自古穷兵是祸胎。

语意：什么时候听说过，开疆拓土是成就帝王霸业的途径；自古以来，穷兵黩武都是酿成灾祸的根源。

简释：王道：称王之道。

语出（唐）李商隐《汉南书事》。

⊙几条杨柳，沾来多少啼痕；三叠阳关，唱彻古今离恨。

语意：几条柳枝，沾染了多少离别人的泪痕；反复唱响的阳关曲，唱尽了古今离别的愁怨。

简释：杨柳：古人送别时，大多折柳枝相赠，以表达其依依惜别之情。三叠阳关：王维有诗《渭城曲》，后被人谱成乐府，作为送别之曲，在阳关句时，反复吟唱，故称为"阳关三叠"。阳关：在今天甘肃省西南部，是古代出关必经之路。

语出（明）陈继儒《小窗幽记》。

⊙己饥方食，未饱先止。

语意：饿了才吃，食不过饱。

语出（北宋）苏轼《东坡志林》。

⊙己情不可纵，人情不可拂。

语意：自己的欲念不能放纵，别人的心思不能够拂逆。

语出（明）陈继儒《小窗幽记》。

⊙己所不欲，勿施于人。

语意：自己不愿意做的事情，就不要勉强别人去做。

语出《论语·颜渊》。

⊙**江山代有才人出，各领风骚数百年。**

语意：国家代代都有才情洋溢的人出现，他们各自都影响后人几百年。作者认为诗歌应随着时代不断发展，诗人在创作上应求变。

语出（清）赵翼《论诗》。

⊙**江山风月，本无常主。**

语意：自然中的山河风月，本来就没有固定的主人。

语出（明）陈继儒《小窗幽记》："江山风月，本无常主，闲者便是主人。"意思是：大自然中的山河风月这种天然景象，本来就没有什么固定的主人，只要是心绪悠闲的人均可以成为这些自然风光的主人，能够享受到这些自然精灵的妙处。

⊙**江山好易，本性难改。**

语意：朝代可以更换，但人的个性很难改变。

简释：江山：本义为江河山岭，引申为国家政权。本性：本来的性质或个性。

⊙**江山易改，本性难移。**

语意：江河山岳容易改变面貌，但是人的脾气和性格却难以改变。

语出（元）佚名《谢金吾》。

⊙**鞠躬尽瘁，死而后已。**

语意：不辞辛劳、竭尽全力，直到死才算停止。

简释：鞠躬：弯着身子，表示恭敬、谨慎。尽瘁：竭尽劳苦。已：停止。

语出（三国·蜀）诸葛亮《后出师表》。

⊙举不失德，赏不失劳。

语意：举荐人才，不要忽略品德高尚的人；进行奖赏时，不要忽略有功劳的人。

语出（春秋）左丘明《左传·宣公十 二年》。

⊙举世何人肯自知，须逢精鉴定妍媸。

语意：人世间谁愿意承认自己的缺点呢？所以必须用好镜子来对照自己是美的还是丑的。

语出（唐）郑谷《闲题》。

⊙举世混浊，清士可见。

语意：只有当整个天下都混乱不堪的时候，就能看出一个清廉之士的廉洁品质。

语出（西汉）司马迁《史记·伯夷列传》。

⊙举事而不时，力虽尽，其功不成；刑赏不当，断斩虽多，其暴不禁。

语意：在时机不好的情况下轻举妄动，尽管施展浑身解数，也不能成功；刑罚和奖赏不得当，即使杀的人再多，也不能禁止暴乱。

语出（春秋）管仲《管子·禁藏》。

⊙君子和而不同，小人同而不和。

语意：君子讲究协调而保持自己独立的见解，小人没有自己独立的见解而不讲究协调。说明能够保持独立见解的合作是更加有力量的合作。

语出《论语·子路》。

⊙君子交绝，不出恶声。

语意：君子即使与朋友绝交了，也不说对方的坏话。

简释：恶声：伤害诋毁的话。

语出（西汉）刘向《战国策·燕二》。

⊙君子口里没乱道，不是人伦是世教；君子脚跟没乱
行，不是规矩是准绳。

语意：品行端正的君子，不会说触犯伦理的话，这并不是礼
教所规定的缘故，而是人的教养好；品行端正的君子不会胡作非
为，这并不是因为被规矩约束，而是自己对各种行为有自己判断
的标准。意思是指做人做事都要有良知。

语出（明）吕坤《续小儿语》。

⊙君子乐得做君子，小人枉自做小人。

语意：做君子，纵然境遇不好，内心却是坦然的，所以，君
子乐得做君子。而小人呢？他们心机费尽，四面讨好，纵然体面，
内心却是忧虑终日，所以说，小人冤枉做小人。

语出佚名《名贤集》。

K

⊙开拨乱之业，其功既难；守已成之基，其道不易。

语意： 平定混乱局面，建立正常秩序，这种功业固然难以做到；而守住已经取得的基业，这尤为不易。

语出（唐）吴兢《贞观政要》。

⊙开敢谏之路，纳逆己之言。

语意： 当领导的，一定要打开供手下人提出意见的渠道，来接纳与自己心意不一致的意见。

语出（西晋）傅玄《傅子·通志》。

⊙开卷有益，作善降祥。

语意： 读书能使心智明朗，做善事便能收获吉祥。告诫人要多读书，多行善事。

语出（清）金缨《格言联璧》。

⊙开口说轻生，临大节决然规避；逢人称知己，即深交究竟平常。

语意： 一开口就说自己重义气、轻生死的人，等到他真正面临大义的时候，不定会逃避；随便碰到一个人就将其视为知己的人，即使与人深交，交情终究也只是很平常。

语出（北宋）陈希夷《心相篇》。

⊙堪叹人心毒似蛇，谁知天眼转如车。

语意： 慨叹人心向蛇蝎一样恶毒，谁知道上天的眼睛转得像车轮一样快，什么事情都不能逃脱上天的眼睛。意在告诫人们多施善行，为非作歹一定会遭到报应的。

语出（清）钱德苍《解人颐》。

⊙堪叹眼前亲族友，谁人肯济急时无。

语意： 感叹眼前的亲戚朋友，有哪一个愿意在人处境危急的时候施以援手呢？

语出（明）罗念庵《醒世诗》。

⊙砍树不倒斧口小，论人不过文字少。

语意： 无法将树木砍倒是因为斧子太小，争论不过别人是因为文墨太少。

语出（明）范立本《明心宝鉴》。

⊙看尽人间兴废事，不曾富贵不曾穷。

语意： 看尽了人世间兴盛和废败的事情，终于有所觉悟，人的一生既不曾有过富贵，也不曾有过贫穷。意思是指世事兴衰变幻无常，富贵和贫穷也不过如烟似幻。

语出（南宋）陆游《一壶歌》。

⊙看明世事透，自然不重功名；认得当下真，是以常寻乐地。

语意： 看透了世事浮沉，人自然就不会看重功名利禄；体会到只有当下才是最真实的，就能随时随处找到快乐。

语出（明）陈继儒《小窗幽记》。

⊙看取莲花净，方知不染心。

语意：看到了洁净的莲花，才知道它虽然身出淤泥，但是心却不被污染。用来比喻人应保持高尚的节操。

语出（唐）孟浩然《题义公禅房》。

⊙看破世情天理处，人间何用苦营谋。

语意：看破人情世故，之后才明白，人生在世哪里用得着处心积虑、苦苦谋求身外之物？

语出（明）罗念庵《醒世诗》。

⊙看书求理，须令自家胸中点头；与人谈理，须令人家胸中点头。

语意：读书以求明白事理，必须要先使得自己信服；和别人谈论事理，必须要让对方从内心信服。

语出（清）金缨《格言联璧》。

⊙看书须放开眼孔，做人要立定脚跟。

语意：读书做学问就应该要打开自己的心胸，只有摒弃一己之见才能更好地吸收知识；做人就应当坚守自己的立场和原则，只有立场坚定、是非分明才能洁身自好。

语出（清）王永彬《围炉夜话》。

⊙看似寻常最奇崛，成如容易却艰辛。

语意：表面看上去很平常的道理，但实际却非常崎岖；事情看上去容易，但要真正完成，实际上是非常艰辛的。

语出（北宋）王安石。这是王安石在评论唐代诗人张籍的诗风时说的话。

L

⊙来而不可失者时也，蹈而不可失者机也。

语意： 遇到了而不该放弃的是时运，踏了进去而不该错失的是机会。

语出（北宋）苏轼《代侯公说项羽辞》。

⊙来说是非者，便是是非人。

语意： 经常到处传播别人是非的人，往往是喜欢搬弄是非的人。

语出《金刚经》。

⊙兰芳不厌幽谷，君子不为名修。

语意： 芬芳的兰草不嫌弃幽静的山谷，君子不是为了博得名声才去提高自己的道德修养。

语出（明）吕坤《续小儿语》。

⊙懒见俗人，权辞托病；怕逢尘事，诡迹逃禅。

语意： 懒得看见庸俗的人，暂且就以生病为借口拒绝与他们见面；害怕遇到世间俗事，所以借参禅来逃遁。

语出（明）陈继儒《小窗幽记》。

⊙懒人懒病，无药可医，不瘫不痪，惰其四肢。

语意： 懒人染上懒惰的毛病，是没有医药可以治疗的；虽然没有瘫痪，但是四肢却已惰懈无力。

语出（清）李西沤《老学究语》。

⊙懒者常似静，静岂懒者徒。

语意：懒惰的人常常貌似很安静，但真正静心修养的人，绝不是懒惰之徒。

语出（北宋）苏轼《送岑著作》。

⊙浪子回头，仍不惭为君子；贵人失足，便贻笑于庸人。

语意：浪荡子若能悔过自新，仍然可以做一个无愧于君子的人；有身份地位的人一旦失足犯下过错，连平庸的人都会嘲笑他。

语出（清）王永彬《围炉夜话》。

⊙劳苦莫教爹娘受，忧愁莫教爹娘耽。

语意：不要让父母承受劳累，不要让父母分担你的忧愁。

语出《孝经·劝报亲恩篇》。

⊙劳其形者长年，安其乐者短命。

语意：经常活动形体的人可以长寿，而沉溺于安乐的人会短命。

语出（北宋）欧阳修《删正黄庭经序》。

⊙劳谦虚己，则附之者众；骄慢倨傲，则去之者多。

语意：勤劳谦虚的人，附和跟随他的人就多；态度骄横傲慢的人，离弃他的人就多。

语出（东晋）葛洪《抱朴子·刺骄》。

⊙老病死生谁替得，酸甜苦辣自承当。

语意：人必须经过生老病死，谁也不能替代谁；酸甜苦辣，世间各种滋味还当由自己尝试。

语出（明）憨山大师《醒世咏》。

⊙老不足叹，可叹虚生；死不足悲，可悲无补。

语意：年老不值得哀叹，哀叹的是年老却一事无成；死亡不值得悲伤，悲伤的是死后却对世界无所贡献。

语出（明）陈继儒《小窗幽记》。

⊙老成人受病，在作意步趋；少年人受病，在假意超脱。

语意：老成之人的毛病，通常在于亦步亦趋；年少之人的毛病，往往是假装超脱。

语出（明）陈继儒《小窗幽记》。

⊙老骥伏枥，志在千里；烈士暮年，壮心不已。

语意：年老的千里马伏在马厩里，但是它的志向是想像当年一样驰骋千里；有志之士即使时近暮年，其渴望建功立业的雄心壮志依旧不会改变。

简释：骥：千里马。枥：马厩。

语出（三国·魏）曹操《龟虽寿》。

⊙良田万顷，日食一升；大厦千间，夜眠八尺。

语意：家有良田万亩，每天也不过吃一升的米而已；即使有大厦千间，而一个人晚上睡觉的地方也不过只有八尺而已。告诫人要清心寡欲，贪多无益。

语出佚名《增广贤文》。

⊙良言一句三冬暖，恶语伤人六月寒。

语意：一句良善有益的话，能让听者即使在三冬严寒中也倍感温暖；相反，尖酸刻薄的恶毒语言，伤害别人的感情和自尊心，即使在六月大暑天，也会让人觉得寒冷。

语出佚名《名贤集》。

⊙良药苦口利于病，忠言逆耳利于行。

语意：良药虽然苦口让人难以下咽，但是对治愈疾病却大有好处；教人从善的忠言大多不太中听，但对于更正人的德行却大有裨益。

语出《孔子家语·六本》。

⊙良医者，常治无病之病，故无病；圣人者，常治无患之患，故无患。

语意：善于治病的良医，往往在没有出现疾病的时候就进行治疗，所以不会生病；明智的人，往往是在祸患出现之前就思考应对之策，所以不会出现祸患。意思是指在事情发生之前就严加防备，事情就不会出现问题。

语出（西汉）刘安《淮南子·说山训》。

M

⊙马奔乃见良御，舟覆乃见善游。

语意：只有在马奔驰起来的时候，才能看出真正有技术的驾驭者；只有当船只翻覆了，才能看出谁是真正擅长游泳的人。意思是指只有在艰苦条件的考验下，才能体现出一个人的才能。

简释：御：驾驭者。

语出（西汉）刘安《淮南子》。

⊙马必待乘，而后致远；医必待使，而后愈疾；贤者待用，而后兴理。

语意：骏马必定是在等待人的驾驭后，才可以到达远方；良医必定是被人请去治病时，才能治愈疾病；贤能的人必定在被委以任用之后，才能发挥其才干。意思是指人只有在得到任用后，才能体现出他的才能和价值。

语出（唐）马总《意林·中论》。

⊙马勃牛溲，举世无终弃之物；龙文凤彩，天地有或闭之时。

语意：马勃牛溲是世间再平常不过的东西了，但是仍然可以用来入药治病，所以说世间没有完全没有价值的东西；有人虽然仪表和能力都高出众人，但命运却困顿不堪，可见老天爷也有不睁眼的时候。

简释：马勃牛溲：指平常之物，而二者均可入药。马勃：又

中华圣贤经

名屎菰，生长于湿地或腐木上的菌类植物。牛溲：又名牛遗、车前草。龙文凤彩：形容人的仪表、气度高于众人。

语出（明）吴从先《小窗自纪》。

⊙马不打不奔，人不激不发。

语意： 马不用鞭子抽打就不会奋力奔跑，人不受到激励就不会奋发向前。

语出（元）佚名《渔樵记·楔子》

⊙马不可负重，牛不可追速。

语意： 马不可以用来担负重物，牛不可用来追赶速度。意思是指人各有特长和不足，用人就要扬长避短，如果任用人的不足，就无法发挥出他的价值。

语出（清）申涵煜《省心短语》。

⊙马先驯而后求良，人先信而后求能。

语意： 对于马，要先进行驯服，然后才能要求它素质优良；对于人，要首先使他忠诚守信，然后再要求他能力出众。意思是指用人者应当注重诚信的品质。

语出（西汉）刘安《淮南子·说林》。

⊙马效千里，不必骥禄；人期贤知，不必孔墨。

语意： 马效劳千里，不一定要是千里马；期待贤能智慧的人，不一定是孔子和墨子。

简释： 效：效劳。骥禄：名马。

语出（东汉）王充《论衡·案书》。

⊙马行无力皆因瘦，人不风流只为贫。

语意：马跑起来不堪重负、没有力气是因为太瘦的缘故；人不能成就一番事业则往往是因为贫困的缘故。指许多事情无法达到，是因为受到条件的限制。

简释：风流：风神异秀。

语出佚名《增广贤文》。

⊙马有垂缰之义，狗有湿草之恩。

语意：马有垂下缰绳，拉主人一把的恩义；狗有打湿自己身体替主人灭火的恩情。意思是指畜生尚且知道报答恩情，人更应当如此。

语出佚名《名贤集》。

⊙马越险则驽骏别，刃试坚则钢铅见。

语意：马匹经历险隘就能分辨出劣马和良驹，刀刃在砍坚硬的东西时就能分别出是钢还是铅。说明事物要经过一定的考验才能分别出优劣。

语出（明）何景明《郑子擢郎中序》。

⊙买笑易，买心难。

语意：得到他人虚与委蛇的对待容易，而要得到他人的真心就难了。

语出（明）吴从先《小窗自纪》。

N

⊙纳爽耳目变，玩奇筋骨轻。

语意：吸纳清新凉爽的空气，可以使得人耳目为之一变，变得耳聪目明；游玩欣赏奇异的风景可以使人的筋骨轻松。

语出（唐）刘禹锡《秋江早发》。

⊙男大须婚，女大必嫁。

语意：男子长大了就应当要结婚，女子长大后就要嫁人。

语出（明）施耐庵《水浒传》。

⊙男儿不展风云志，空负天生八尺躯。

语意：没有远大的志向，则辜负了自己的有为之身。

语出（明）冯梦龙《警世通言·旌阴宫铁树镇妖》。

⊙男儿生身自有役，那得误我少年时。

语意：男儿此身有用处，怎么能够虚度光影，浪费大好的青春年华呢！

语出（唐）张籍《乐府诗·别离曲》。

⊙男儿事业，经纶天下，识见要高，规模要大。

语意：男儿的事业，应当以治理天下为目标，见识要高，格局要大。

简释：经纶：整理蚕丝，指筹划治理国家。规模：格局。

语出（明）吕坤《续小儿语》。

⊙男儿有泪不轻弹，只因未到伤心处。

语意：大丈夫不轻易掉眼泪，只是因为没有触碰到伤心处。

语出（元）李开先《宝剑记》。

⊙男儿自有守，可杀不可苟。

语意：男子汉自有操守，宁可被杀，也不损失大节。

语出（北宋）梅尧臣《古意》。

⊙男女之易合者，必非全节之人；朋友之易合者，必非久要之士。

语意：容易苟合的男女，必定不是能够保全节操的人；容易苟合的朋友，必定不是能够维持长期要好的人。

语出（清）钱德苍《解人颐·谑言集》。

⊙男若勤耕种，饥不愁谷粟；女若工纺织，寒不虑衣服。

语意：如果男人勤劳耕种，即使遇到饥年也不愁没有谷粟；如果女人勤劳纺织，那么在寒冷的天气里就不用担心没有衣服御寒。

语出（清）钱德苍《解人颐·勤俭歌》。

⊙南朝四百八十寺，多少楼台烟雨中。

语意：当年南朝的统治者笃信佛教，足足建有四百八十座寺庙。如今还有多少楼台笼罩在这蒙蒙的烟雨之中呢。南朝统治者沉溺于佛，修建了大量寺庙想积累佛家所说的功德，但其实劳民伤财，加速了南朝的灭亡。借以讽刺那些穷奢极欲的君主。

语出（唐）杜牧《江南春》。

⊙宁为鸡口，无为牛后。

语意：宁愿做小而洁净的鸡口，也不愿做大而肮脏的牛肛门。

简释：牛后：牛的肛门。

语出（西汉）刘向《战国策·韩策》。

⊙宁为随世之庸愚，勿为欺世之豪杰。

语意：宁可做顺应世人潮流的庸人，也不做欺骗世人的英雄豪杰。

语出（明）陈继儒《小窗幽记》。

⊙宁为玉碎，不为瓦全。

语意：宁做玉器被打碎，不做瓦器而保全。比喻宁愿为正义事业牺牲，不愿苟且偷生。

语出（唐）李百药《北齐书·元景安传》。

⊙宁为真士夫，不为假道学。

语意：宁愿做真正的读书人，也不做一个伪装成满腹道德文章的人。

语出（明）陈继儒《小窗幽记》。

⊙宁为兰摧玉折，不作萧敷艾荣。

语意：宁愿做兰花被外界环境摧残，做美玉被摔得粉碎，也不要像蒿草一般空长得茂盛。

语出（明）陈继儒《小窗幽记》。

P

⊙怕人知道休做，要人敬重勤学。

语意：要是怕人知道自己做了见不得人的勾当，那么最好就不要去做；如果想要得到别人的敬重，那么就要刻苦学习，增加自己的学问和见识。

语出佚名《名贤集》。

⊙盘飧别有江瑶柱，不在寻常食谱中。

语意：像江瑶柱这样著名的海味，在一般的食谱中是无法找到的。比喻要想脱颖而出，就要努力打造自己，拥有独特本领。

简释：飧：意思是熟食，晚饭。江瑶柱：著名海味。

语出（清）袁枚《仿元遗山论诗》。

⊙皮之不存，毛将焉附。

语意：皮都没有了，毛往哪里依附呢？比喻事物失去基础便不能存在。

语出（春秋）左丘明《左传·僖公十四年》。

⊙蚍蜉撼大树，可笑不自量。

语意：蚂蚁想要撼动大树，这种自不量力的行为是非常可笑的。指人要有自知之明，做事须量力而为。

语出（唐）韩愈《调张籍》。

⊙偏听生奸，独任成乱。

语意：偏袒一方，只听这一方的话就是在培养奸诈邪恶；在任用人员方面独断专行，就会酿生祸乱。

语出（西汉）邹阳《狱中上梁王书》。

⊙篇诗斗酒，何殊太白之丹丘，扣舷吹箫，好继东坡之赤壁。

语意：喝酒后挥洒诗文数篇，与太白和丹丘之间又有什么区别；叩击着船舷吹响悠悠箫声，好来继承苏轼在赤壁的风采。

语出（明）陈继儒《小窗幽记》。

⊙片善可嘉，朝闻甘于夕死；一诺犹重，黄金贱于白圭。

语意：只言片语的良言，早晨听见了，晚上死了也甘心；一句许诺的话，比白璧和黄金还贵重。

语出（唐）骆宾王《骆临海集·灵泉颂》。

⊙片时清畅，即享片时；半景幽雅，即娱半景。

语意：能够享受片刻的清闲和畅快，就暂且享受；能够在观赏幽静雅致的景色中得到快乐，那么就暂且观赏。

语出（明）陈继儒《小窗幽记》。

⊙贫不卖书留子读，老犹栽竹与人看。

语意：即使家境贫穷也不要卖书，留给子女读；老来还要栽种竹子，留给后人看。

语出（清）周希陶《重订增广贤文》。

⊙破除烦恼，二更山寺木鱼声；见彻性灵，一点云堂优钵影。

语意：要祛除心中的烦恼，听听二更时分从山寺中传来的木

<u>鱼</u>声可以得到帮助；想要看见自己透彻洁净的性灵，看看佛堂上的青莲花可以得到帮助。

简释：云堂：即僧堂，僧人坐禅诵经之所。优钵：梵语优钵罗的简称，意译为青莲花，为青紫色，叶细长，像佛眼。

语出（明）吴从先《小窗自纪》。

⊙破屋更遭连夜雨，漏船又遭打头风。

语意：破旧的房屋遭受连绵不断的雨水天气，破陋的船行驶在水上却遭遇强劲的风浪。比喻糟糕的境遇接二连三地发生。

语出（明）施耐庵《水浒传》。

⊙剖一顽石方知玉，淘尽泥沙始见金。

语意：只有把一块表面看上去顽劣的石头剖开，而后才知道是一块宝玉；等到所有的泥沙都淘洗尽了，而后才能得到金子。意思是指只有对一个事物深入观察才能有正确的了解，始终坚持做一件事，最后就会得到成功。

语出（明）冯梦龙《古今小说·赵伯升茶肆遇仁宗》。

⊙仆隶纵横，谁向你说，恶名你受，暗利他得。

语意：手下奴仆肆意横行、毫无顾忌，他们是不会向你说的，但是你却要背负纵人行凶的恶名，而那肆意横行的奴仆却在暗中得利。意在告诫人们一定要对手下人严加管束。

语出（明）吕坤《续小儿语》。

中华圣贤经

R

⊙染习深者，难得净洁。

语意：沾染恶习很深的人，就很难再完全改正过来。意在告诫人们要谨慎避免沾染恶习。

语出（南宋）陆九渊《语录》。

⊙染于苍则苍，染于黄则黄。

语意：丝放在青色染料里变成青色，放在黄色染料里变成黄色。

语出（战国）墨翟《墨子·所染》。

⊙让利精于取利，逃名巧于邀名。

语意：要做到将利益让给他人，就要做到比从他人手中得取利益更聪明，否则就不会成功；要逃避美好的名声，就要保证做到比求取名声更巧妙，否则就会弄巧成拙，被人以为是在欺世盗名。

语出（明）陈继儒《小窗幽记》。

⊙让他说话，我只闭口；让他指点，我只袖手。

语意：任由他人妄加评论，自己只是闭口不置一词；任由他人指指点点，自己只是袖手旁观。

语出（明）董其昌《启贤录》。

⊙饶人不是痴汉，痴汉不会饶人。

语意：懂得宽厚待人的人并不是不通晓人情世故的人，相反那些无理辩三分、有理不让人的人才是不通事理的人。

语出佚名《增广贤文》。

⊙饶人不足痴，过后得便宜。

语意：原谅别人过错的人不是痴呆之人，之后肯定会得到别人给予的方便。

语出佚名《名贤集》。

⊙惹祸只因闲口舌，招愆多为狠心肠。

语意：人招灾惹祸往往是因为喜欢搬弄口舌，犯下罪过往往是因为心肠歹毒。

简释：愆：指罪过，过失。

语出（明）憨山大师《醒世咏》。

⊙热不可除，而热恼可除；穷不可遣，而穷愁可遣。

语意：热无法消除，但是因为热而产生的恼怒情绪却可以消除；穷困不能排遣，但是因为穷困而产生的愁苦情绪却可以排遣。

语出（清）金缨《格言联璧》。

⊙热闹荣华之境，一过辄生凄凉；清真冷淡之为，历久愈有意味。

语意：热闹繁华的地方，一旦过去就会生出凄凉之境；清冷真实淡泊的作为，历时愈久愈有意味。

语出（清）金缨《格言联璧》。

⊙人必其自爱，然后人爱诸；人必其自敬，然后人敬诸。

语意：只有当一个人懂得自己爱护自己，而后别人才会爱护他；只有一个人懂得自己尊敬自己，而后才会得到别人的尊敬。

语出（西汉）扬雄《法言·君子》。

⊙人不劝不善，钟不打不鸣。

语意：人不接受劝勉就不能成才，钟不经过敲打就不会发出声响。比喻人要经过磨砺才能提升自己。

语出佚名《增广贤文》。

⊙人不率则不从，身不先则不信。

语意：如果自己不起表率作用，他人就不会跟从；如果自己不身先士卒，那么别人就不会予以信任。

语出（元）脱脱《宋史·宋祁传》。

⊙人不以多言为益，犬不以善吠为良。

语意：人以不多说话为好，狗以不喜欢叫为好。

语出（明）范立本《明心宝鉴》。

⊙人不知己过，牛不知力大。

语意：人往往不知道自己的过失，就像牛不知道自己的力气大。

语出（明）范立本《明心宝鉴》。

S

⊙塞翁失马，安知非福?

语意： 塞外老翁丢失了马，哪里就知道不是一种福分呢? 比喻一时虽然受到损失，也许反而因此能得到好处。也指坏事在一定条件下可变为好事。

语出（西汉）刘安《淮南子·人间训》。

⊙三百六十行，行行出状元。

语意： 意思是指世上有多种行业，而每种行业都可以有所作为。

语出（清）文康《儿女英雄传》。

⊙三杯和万事，一醉解千愁。

语意： 三杯酒下肚，万事则变得和顺，人的烦恼忧愁也被驱尽。

语出（元）武汉臣《生金阁》。

⊙三长难救一短，三勤难补一懒。

语意： 三个长处也难以补救一个短处，三次勤快也难以补救一次懒惰。

语出（清）牛树梅《天谷老人小儿语朴》。

⊙三寸气在千般用，一旦无常万事休。

语意： 只有三寸气，却要千般使用，一旦遇到什么突发情况，那么所有的事情都将毁败。意思是指一些才能不大的人喜欢多管齐下，如果出现未知状况，所有的事情都将会惨遭失败。

语出佚名《名贤集》。

⊙三姑六婆，实淫盗之媒；婢美妾娇，非闺房之福。

语意：社会上各种各样的市井女人，都是荒淫和盗窃的媒介；美丽的婢女和娇艳的姬妾，对一个家庭来说，并不是一件有福气的事情。

简释：三姑：尼姑、道姑、卦姑（占卦算命）。六婆：牙婆（专门为人买卖奴婢、妾侍）、媒婆（专门替人保媒拉纤）、师婆（替人画符施咒、请神问命）、虔婆（是妓院内的鸨母）、药婆（卖药）、稳婆（接生婆）。

语出（清）朱用纯《朱柏庐治家格言》。

⊙三家村里，任教牛斗蚁鸣；一笑风前，不管水流花谢。

语意：三家村里，任凭小人争闹不休，我自心安；一笑风前，任凭花谢水流，我自心闲。

简释：牛斗蚁鸣：据（南朝·宋）刘义庆《世说新语·纰漏》载：殷仲堪的父亲患有心悸之症，听到床底下蚂蚁爬动，便说是斗牛之声。后用牛斗蚁鸣比喻世人毫无意义地争夺名利。

语出（明）吴从先《小窗自纪》。

⊙三军可夺帅也，匹夫不可夺志。

语意：一支军队可以没有主帅，一个人却不能没有志向。

简释：三军：古代前、中、后三军，泛指军队。

语出《论语·子罕》。

⊙三年不上门，当亲也不亲。

语意：三年时间内，没有相互走动以熟络感情，就是再亲近的人也会变得陌生。

语出（明）吴承恩《西游记》。

⊙三贫三富不到老，十年兴败多少人。

语意： 人一生会经历多次的贫穷和富贵，不可能一辈子穷困，也不会一辈子富贵；十年之内，有许多人都是经历了兴盛和衰败。意思是指人的境遇起起伏伏，有沉浮、有荣辱，但不管境遇如何，人都要随遇而安。

语出佚名《名贤集》。

⊙三人同行，必有我师。

语意： 在三个同行的人当中，一定有一个人拥有值得自己学习的地方。

语出《论语》。

⊙三十年前人寻病，三十年后病寻人。

语意： 人在三十岁之前，身体健壮，所以人们会自恃健壮而肆无忌惮，因此给自己种下了许多病根；在三十岁之后，身体的各项机能都在衰退，以前埋下的病根便会逐渐显露出来。

语出（清）周希陶《重订增广贤文》。

⊙善持胜者，以强为弱。

语意： 善于保持自己胜利的人，总是将自己的强大伪装成弱小。

语出（战国）列子《列子·说符》。

⊙善操理者不能有全功，善处身者不能无过失。

语意： 善于用道理去做事的人不能建立没有半点瑕疵的功业，

善于处世的人不可能没有半点过失。

语出（北宋）欧阳修《新五代史·世宗本纪》。

⊙善除害者察其本，善理疾者绝其源。

语意： 善于祛除灾害的人一定是从灾害的根源开始着手的，善于治理疾病的人一定是断绝了疾病的根源。

语出（唐）白居易《策林》。

⊙善处真君子，刁唆是祸胎。

语意： 与人和善相处的人是有品德的真君子，而刁蛮的态度、喜欢挑唆的作风则是在给自己种下祸根。

语出（明）申时行《百字铭》。

⊙善恶到头终有报，只争来早与来迟。

语意： 善恶最终都会得到相应的回报，只是早和晚的问题。

语出佚名《名贤集》。

W

⊙ **外合不由中，虽固终必离。**

语意： 如果朋友之间貌合神离，即使彼此关系再牢固也终究会分道扬镳。

简释： 中：同"衷"，内心。

语出（西晋）傅玄《何当行》。

⊙ **外举不隐仇，内举不隐亲。**

语意： 举荐人才，不因为是仇人就隐而不报，也不回避推荐自己的亲人。指做事不要因为个人情感而有所偏倚，不要有感情牵涉，要就事论事。

语出（西汉）司马迁《史记·晋世家》。

⊙ **外视者蔽，内视者明；外听者惑，内听者聪。**

语意： 只用眼睛去观察事物的人必定会受到蒙蔽，用心去观察才能明白事理；光用耳朵去听的人一定会受到迷惑，用心去听才会明辨是非。

语出（南宋）崔敦礼《刍言》。

⊙ **完得心上之本来，方可言了心；尽得世间之常道，才堪论出世。**

语意： 只有完全从根本上认识自己的本来面目，才能算是对自己明了于心；能够理解透世间不变的道理，才足以谈论出世。

语出（明）陈继儒《小窗幽记》。

⊙完名美节不宜独任；辱行污名不宜全推。

语意：完美的名节不能一个人独自享受，招致耻辱的名声和行为不可全部推给别人。

语出（明）洪应明《菜根谭》。

⊙玩人丧德，玩物丧志。

语意：玩弄别人是丧失道德的表现，玩赏喜爱之物是消磨志向的表现。

语出《尚书·旅獒》。

⊙纨绔不饿死，儒冠多误身。

语意：不学无术的富贵人家的子弟，整日里游手好闲却过着衣食无忧的生活；而身怀济世救民抱负的正直读书人却在饥寒中垂死挣扎，是诗书把这些人给耽误了。

语出（唐）杜甫《奉赠韦左丞丈二十二韵》。

⊙顽石之中良玉隐焉，寒灰之中星火寓焉。

语意：顽石之中，有良玉隐藏；寒冷的灰烬之中，有星星之火寄托。

语出（清）金缨《格言联璧》。

⊙晚饭少吃口，活到九十九。

语意：晚餐少吃点，可以长寿。比喻晚饭不要吃得过饱，对身体有好处。

语出（清）钱大昕《恒言录》。

⊙**文情不厌新，交情不厌陈。**

语意：写文章时，不嫌弃情思新鲜；而朋友之间的交情，越久越好。

语出（明）汤显祖《得吉水刘年侄同升书喟然》。

⊙**文以行为本，在先诚其中。**

语意：文士以德行为修养的根本，而在德行中真诚摆在首位。

语出（唐）柳宗元《报袁君陈秀才避师名书》。

⊙**文章千古事，得失寸心知。**

语意：著书立说是千古大事，作品写得好坏，自己心里有数。

语出（唐）杜甫《偶题》。

⊙**文章憎命达，魑魅喜人过。**

语意：命运通达就写不出真情实感的好文章，魑魅之类的鬼怪出于嫉妒总爱幸灾乐祸。比喻文才出众的人总是命途多舛，而小人则喜欢幸灾乐祸。

语出（唐）杜甫《天末怀李白》。

⊙**闻谤而怒者，谗之囮也；见誉而喜者，佞之媒也。**

语意：一旦听到有关自己的负面议论就发怒的人，那么阿谀奉承的人就会聚集在他身边大献殷勤；而受到别人的赞誉就喜形于色的人，就会引来奸佞的宵小之辈。意在告诫人要理性地对待别人的赞誉和批评，否则就会被小人乘虚而入，从而被其利用。

简释：媒：媒介。

语出（隋）王通《中说·魏相》。

⊙稳当话即是平常话，本分人便是快活人。

语意： 平稳妥当的话通常都是平常能听到的话，安分守己的人能把生活过得开心愉快。

语出（清）王永彬《围炉夜话》。

⊙问君何能尔，心远地自偏。

语意： 要问我怎能如此超凡洒脱，心灵避离尘俗自然幽静远邈。强调要有良好的心态。

语出（东晋）陶渊明《饮酒》。

⊙问客写药方，非关多病；闭门听野史，只为偷闲。

语意： 问客药方，并不是因为患有疾病；关起门来听野史，只是因为偷闲。

语出（明）陈继儒《小窗幽记》。

⊙问渠那得清如许，为有源头活水来。

语意： 要问那池塘里的水为什么会那样清澈？因为上有源头，活水才会不断地流来。现在常用来比喻人的思想只有不断地吐故纳新才能保持旺盛的活力。

语出（南宋）朱熹《观书有感》。

⊙我不如人，我无他福；人不如我，我当知足。

语意： 自己不如别人，是因为自己没有人家的福气好；别人不如自己，自己就应当要知足。

语出（清）石成金《传家宝·不如歌》。

⊙无求便是安心法，不饱真为却病方。

语意：无欲无求即是安心定性的养生之法，不饱食是免除疾病的良方。

语出（清）张之洞。

⊙无求到处人情好，不饮从他酒价高。

语意：清心寡欲、无所贪图的人到哪里都会有好人缘；如果自己不喝酒，酒价再高也跟自己无关。

语出佚名《增广贤文》。

⊙无肉令人瘦，无竹令人俗。

语意：不吃肉，会让人逐渐变得清瘦；在居住的地方，没有竹子可供欣赏，人就会流于庸俗。

语出（北宋）苏轼《于潜僧绿筠轩》。

⊙无事如有事，提防才可弭意外之变；有事如无事，镇定方可消局中之危。

语意：没有事情发生的时候提高警惕，就像提防会意外事情的发生，这样就会消弭意外的变故；而遇到紧急情况时就应当保持镇定，就好像没有事情发生一样，这样才能消除其中带来的危机。

语出（明）吕坤《呻吟语》。

⊙勿吐无益身心之语，勿为无益身心之事。

语意：不要做无益于身心的事，不要说无益于身心的话。

语出（清）金缨《格言联璧》。

⊙勿谓长少年，光阴如转轴。

语意：不要说年少青春的时光很漫长，光阴的消逝如同转轴一样飞快。

语出（清）钱德苍《解人颐·勤俭歌》。

⊙勿以善小而不为，勿以恶小而为之。

语意：不要因为坏事小就去做，不要因为好事小就不去做。

语出（西晋）陈寿《三国志·蜀书·先主传》。

⊙勿以小恶弃人大美，勿以小怨忘人大恩。

语意：不要因为他人的小过失而摒弃他人的优点，不要因为一点小仇恨而忘记他人的恩德。

语出（清）申居郧《西岩赘语》。

⊙勿因群疑而阻独见，勿任己意而废人言。

语意：不要因为众人的猜疑就放弃自己的见解，不要放任自己的心意而废除他人的言论。

语出（清）周希陶《重订增广贤文》。

⊙勿营华屋，勿谋良田。

语意：不要苦心经营、谋求富丽堂皇的房屋和良田。

语出（清）朱用纯《朱柏庐治家格言》。

X

⊙夕阳无限好，只是近黄昏。

语意：从乐游原上望见将要落山的太阳，美丽动人，只可惜已近黄昏，不多时这美景就要消散了。表达诗人对暮年时光的无限留恋。

语出（唐）李商隐《乐游原》。

⊙西下夕阳难把手，东流逝水绝回头。

语意：西下的夕阳，用手挽留不住它的消失；向东流逝的水，断然不会再回头。

语出（清）石成金《传家宝·通天乐·莫愁诗》。

⊙惜寸阴者，乃有凌铄千古之志；怜微才者，乃有驰驱豪杰之心。

语意：只有懂得珍惜光阴之人，才能有超越千古的志向；只有连才能微小的人也怜惜之人，才能拥有驱使天下豪杰的心胸。

语出（明）陈继儒《小窗幽记》。

⊙惜名者，静而休；市名者，躁而拙。

语意：珍惜名声的人，静默而不争；沽名钓誉的人，急躁而拙劣。

语出（清）金缨《格言联璧》。

⊙溪响松声，使人清听自远；竹冠兰佩，使人物色俱闲。

语意：溪水的潺潺之声和松涛起伏的声音，可以使人心胸旷达而意境悠远；竹子做头冠、兰草为佩戴的饰物，使人身心和容貌都感到安闲。

简释：物色：身体和容貌。

语出（明）吴从先《小窗自纪》。

⊙**溪云初起日沉阁，山雨欲来风满楼。**

语意：乌云开始从磻溪上起来，太阳从西城外的慈福寺阁后沉落下去；雨意越来越浓，大雨即将瓢泼而至，狂风先已吹进城楼。比喻严重事态的发生，都会有一定预兆。

语出（唐）许浑《咸阳城东楼》。

⊙**鼷鼠杀象，蜈蚣杀龙，蚁穴破堤，蝼孔崩城。**

语意：鼷这种小家鼠可以杀死大象，蜈蚣能杀死神龙，蚂蚁的巢穴可以破坏千里长堤，蝼虫的洞穴能使城墙崩塌。意思是指微小的事物能够破坏事物的整体格局，因此应当谨小慎微。

简释：鼷：小家鼠。蝼：一种小昆虫。

语出（明）吕坤《续小儿语》。

⊙**习读书之业，便当知读书之乐；存为善之心，不必邀为善之名。**

语意：把读书当作是终生事业的人，就能懂得读书的乐趣；人只需要心存向善之念，而不是为了沽名钓誉，博得善良的名声才去做善事。

语出（清）王永彬《围炉夜话》。

⊙**邪正者治乱之本，赏罚者治乱之具。**

语意：邪恶与正义是治理祸乱的根本，奖赏和惩罚是治理祸乱的工具。

语出（北宋）林逋《省心录》。

⊙斜阳树下，闲随老衲清谭，深雪堂中，戏与骚人白战。

语意：闲暇时分，夕阳斜照，和老和尚在树底下一同畅谈佛法禅理；在下着大雪的日子里，在厅堂中与文人骚客们使用禁体诗相互逗趣戏耍。

简释：白战：又称为"白战体""禁体诗"，诞生于宋朝。

语出（明）陈继儒《小窗幽记》。

⊙心安茅屋稳，性定菜根香。

语意：心境安宁，那么住在茅屋下也能感到安稳；心性安定，那么嚼着菜根也觉得滋味悠长。

语出（明）范立本《明心宝鉴》。

⊙心病终须心药医，解铃还须系铃人。

语意：因为某人或某事引起心头忧虑，要消除这种忧虑就应当找到当初引起这忧虑的人或物；要解开被绑住的铃铛，就应该由当初那个绑上铃铛的人来解决。

语出（清）曹雪芹《红楼梦》。

⊙心不负人，面无惭色。

语意：不做对不起别人的事，就不会有惭愧之感。

语出（南宋）普济《五灯会元》。

Y

⊙鸦窝里出凤凰，粪堆上产灵芝。

语意： 乌鸦的窝里会出现凤凰，粪堆上会产生名贵的灵芝。意思是指不利的环境中会造就出杰出的事物。

语出（元）杨文奎《翠红乡儿女两团圆杂剧》。

⊙言必信，行必果。

语意： 做出的承诺一定努力兑现，行动起来一定要达到自己期望中的结果。

语出《论语·子路》。

⊙言不得过其实，实不得过其名。

语意： 言辞不得超过实际情况，实际情况不能超过名声。

语出（春秋）管仲《管子·心术》。

⊙言不可尽信，必揆诸理；事未可遽行，必问诸心。

语意： 对于别人的话语，不可完全相信，要用自己的见识和思考加以判断；遇到事情，不能立即就着手实施，一定先要在心里仔细琢磨。

简释： 揆：判断、衡量的意思。遽：仓促的意思。

语出（清）王永彬《围炉夜话》。

⊙眼前富贵一盘棋，身后功名半张纸。

语意： 眼下所拥有的富贵就如同一盘棋一样局势多变，人在百年之后，其功名只不过写在半张纸上。

语出（清）石成金《传家宝·广一世歌》。

⊙晏子身短五尺，使楚拜齐名相；诸葛力无缚鸡，出作蜀汉军师。

语意： 晏子身材矮小，只有五尺长，奉命出使楚国而不辱使命，最终成为齐国名相；诸葛亮手无缚鸡之力，出山后成为刘备的军师，为建立蜀汉立下了汗马功劳。意思是指人不能从外表去判断好坏，最重要的是要有才能。

语出（北宋）吕蒙正《劝世文》。

⊙燕雀那知鸿鹄志，虎狼岂被犬羊欺。

语意： 燕雀这种小鸟怎么能够知道天鹅的志向呢，虎狼怎么会遭受犬和羊的欺负呢？

简释： 鸿鹄：天鹅。

语出（清）周希陶《重订增广贤文》。

⊙羊羔虽美，众口难调。

语意： 羊肉的滋味虽然鲜美，但是每个人的口味各自不同，所以很难调和使得大家对味道都感到满意。意思是指人都有各自的意见和想法，所以很难协调统一，使得大家都感到满意。

语出佚名《名贤集》。

⊙羊有跪乳之恩，鸦有反哺之义。

语意： 羊羔有跪下接受母乳的感恩举动，幼鸦有衔食喂母鸦的情义。告诫做子女的要懂得孝顺父母，报答父母恩情。

语出佚名《增广贤文》。

⊙一寸光阴不暂抛，徒为百计苦虚劳。

语意：一刻快乐的时刻都不要放弃，为了名利而机关算尽，再劳累都只是枉然。

语出（清）石成金《传家宝·通天乐·莫愁诗》。

⊙一寸光阴一寸金，寸金难买寸光阴，寸金使尽金还在，过去光阴哪里寻？

语意：黄金买不到光阴，黄金用完了还有机会再拥有，可时间一过就再也无法复得了。比喻时间十分珍贵。

语出（明）吴承恩《西游记》。

⊙一动于欲，欲迷则昏；一任乎气，气偏则戾。

语意：心头起了欲念，当内心被欲念迷惑时，人就会变得愚昧；任由意气行事，意气一旦偏激，人就会变得乖戾。

语出（清）金缨《格言联璧》。

⊙一段不为的气节，是撑天立地之柱石；一点不忍的念头，是生民育物之根芽。

语意：一段有所不为的气节，是顶天立地的柱石；一点于心不忍的念头，是培养万物的根苗。

语出（清）周希陶《重订增广贤文》。

⊙殷勤昨夜三更雨，又得浮生一日凉。

语意：昨天夜里三更时分下的一场好雨仿佛知道人的心意，在炎热的天气里殷勤而至，这样又能使人度过一天凉爽的日子了。

语出（北宋）苏轼《鹧鸪天》。

⊙淫慢则不能励精，险躁则不能冶性。

语意： 纵欲放荡、消极怠慢不能勉励心志使精神振作，冒险草率、急躁不安也不能陶冶性情使节操高尚。

语出（三国·蜀）诸葛亮《诫子书》。

⊙寅父犹能畏后生，丈夫未可轻少年。

语意： 孔子还说过"后生可畏"，因此即便是大丈夫也不可轻视少年人。

简释： 寅父：这里指孔子。

语出（唐）李白《上李邕》。

⊙饮食约而精，园蔬逾珍馐。

语意： 饮食要少而精当，即使是粗茶淡饭也胜过美味佳肴。

语出（清）朱用纯《治家格言》。

⊙隐恶扬善，执其两端。

语意： 隐藏别人的缺点，宣扬别人的长处；做人需要顾好两头，不偏不倚。

语出《礼记·中庸》。

⊙与人当宽，自处当严。

语意： 对待别人要宽大为怀，对待自己要严格要求。

语出（南朝·梁）傅昭《处世悬镜·忍之》。

⊙与人方便，自己方便。

语意： 给予他人各种便利，自己做起事来也方便。

语出佚名《名贤集》。

⊙ 与人方便称长者，虑事精详是能人。

语意：能处处给人方便的人就是有修养、值得人尊敬的人；事情考虑周详精密的人，可以算得上是一个有能耐的人。

语出（清）王永彬《围炉夜话》。

⊙ 与人共其乐者，人必忧其忧；与人同其安者，人必拯其危。

语意：与别人共同享乐的人，在其出现忧虑时，别人必定会分担其忧虑；与别人共同享受安逸的人，在其出现危机的时候，别人一定会施以援手。

语出（三国·魏）曹冏《六代论》。

⊙ 与人讲话，看人面色；意不相投，不须强说。

语意：在和人进行交谈的时候，要注意观察对方的面色，如果发现两人趣味不相投，那么就不要勉强多说。

语出（明）吕得胜《小儿语》。

⊙ 鹬蚌相争，渔翁得利。

语意：两者相争，让第三方坐收利益。

语出（西汉）刘向《战国策·燕策二》。

Z

⊙乍富不知新受用，乍贫难改旧家风。

语意： 突然富贵起来，会一时不知道该如何享用自己的财富；而突然贫困下去，却很难改变原有的享受习惯。

语出佚名《增广贤文》。

⊙栽花种竹，未必果出闲人；对酒当歌，难道便称侠士？

语意： 栽花种竹的人，不一定都是看淡荣辱、与世无争的安闲之人；端着酒杯放声高唱的人，难道就能称之为侠士？

语出（明）陈继儒《小窗幽记》。

⊙栽培剪伐须勤力，花易凋零草易生。

语意： 栽培香花要常常培土用力，因为香花容易凋零，而杂草容易蔓延。现在用来比喻人要努力克服缺点，才能培养出好品德。

语出（北宋）苏舜钦《题花山寺壁》。

⊙宰相必起于州部，猛将必发于卒伍。

语意： 辅佐君王，把天下治理好的贤能宰相一定是出自地方基层，能征善战的猛将大多出自士卒行伍。意思是指有真才实干的人都是从最基层的工作中锻炼得来的。

语出（战国）韩非《韩非子·显学》。

⊙载哀者闻歌声而泣，载乐者闻哭声而笑。

语意： 心里悲伤的人听到快乐的歌声也会感到难过而哭泣，心里快乐的人听到悲哀的哭声也会感到高兴。

语出（南宋）崔敦礼《刍言》。

⊙在家敬父母，何用远烧香。

语意： 在家孝敬父母，何必去远处烧香拜佛。旧谓孝敬父母，自会得到神佛保佑。

语出佚名《名贤集》。

⊙在家者不知有官，方能守分；在官者不知有家，方能尽分。

语意： 居家的时候忘记自己的官职，这样才能守住自己的本分；做官的时候忘记自己的家庭，这样才能尽到自己做官的本分。

语出（清）金缨《格言联璧》。

⊙智者不必仁，而仁者则必智。

语意： 聪明的人不一定是心怀仁义的人，但是心怀仁义的人一定要聪明，否则就会被人利用或者是欺骗。

语出（清）蒲松龄《聊斋志异》。

⊙智者不愁，多为少忧。

语意： 聪明、有才智的人，谋划周到，不用发愁，多做实事就能少一点忧虑。

语出汉乐府古辞《满歌行》。